Taschenbücher für Eltern

Karlheinz Pfeiffer
Unsere Kinder vor dem Bildschirm
Band 483 · · ·   160 Seiten, 2. Aufl.

Ernst Ell
Müssen Kinder so sein?
Warum Kinder trotzen, lügen und stehlen
Band 404 ·   128 Seiten, 3. Aufl.

Elisabeth Plattner
Die ersten Lebensjahre
Band 193 · · ·   200 Seiten, 8. Aufl.

Wilhelm Straub
Wenn unser Kind zur Schule kommt
Band 486 ·   128 Seiten

W0173080

in der Herderbücherei

Reinhold Ruthe
Psychologie
der Partnerwahl

Herderbücherei Band 496 · · · 192 Seiten

Die Partnerwahl ist die folgenreichste Entscheidung im Leben. Wer sie vernünftig treffen will, sollte sich nicht damit
beruhigen lassen, daß Liebe dem Spiel des Zufalls anheimge-
geben sei. Denn Psychologie und Psychoanalyse haben die
unbewußten und halbbewußten Motive, Wünsche und Ziele
aufgeschlüsselt, die bei der Wahl des Partners zum Tragen
kommen. Frühkindliche Prägungen, Geschwisterkonstella-
tionen und überhaupt der jeweilige individuelle Lebensstil
sind maßgebliche Faktoren bei der Partnerwahl. Kurzum:
Wer mehr über sich selbst, seine geheimen Absichten und
Gefühle weiß, der wird auch seine Partnerbeziehungen kri-
tisch zu kontrollieren verstehen. Spätere – oft unkorrigier-
bare – Konflikte wären zu vermeiden, wenn über diese
Fragen mehr sachkundige Informationen vorlägen. Gerade
Eltern und Pädagogen stellt sich das dringliche Problem, wie
sie jungen Menschen dabei helfen können, ihre Partnerbeziehungen konfliktfreier zu gestalten.
Reinhold Ruthe leistet in diesem Buch die längst fällige Auf-
klärungsarbeit über die Hintergründe der Partnerwahl, um
so für Liebe und Partnerschaft neue Möglichkeiten zu er-
schließen. Untermauert durch Beispiele aus der Praxis der
Eheberatung, stellt Ruthe allgemeinverständlich dar, was
man heute in Psychologie und Psychotherapie von der Partnerwahl weiß. Wer sein Buch gelesen hat, dem wird Partnerwahl kein Spiel mit vielen Unbekannten mehr sein.

Herderbücherei

Herderbücherei

Band 520

Über das Buch

Das Thema Faulheit bereitet heute vielen Familien Kopfschmerzen. In unserer Leistungsgesellschaft wiegt diese Lern- und Leistungsstörung besonders schwer, und die Auseinandersetzungen zwischen Eltern und Kindern nehmen oft dramatische Formen an.

Ist Faulheit ein seelisches Fehlverhalten, ein Mangel an Begabung, eine Antriebshemmung, Willensschwäche, Dummheit, Trotzverhalten oder ein krankhaftes Rückzugsverhalten?

Ein faules Kind weist in der Regel eine grundlegende *Persönlichkeitsstörung* auf. Faulheit kann auf *Interesselosigkeit* basieren, Faulheit kann als *Schutzschild* benutzt werden, um in Ruhe gelassen zu werden, kann sich als *Willensschwäche* tarnen und als *übersteigerte Gewissenhaftigkeit* darstellen. Mit der Faulheit geht oft eine *Konzentrationsschwäche* Hand in Hand, eine *Flucht* in die Traum- und Phantasiewelt – bei zum Teil überdurchschnittlicher Intelligenz.

Der Autor unternimmt den Versuch, das vielschichtige Syndrom Faulheit und das Zusammenspiel verschiedener Faktoren zu untersuchen. Um es den Eltern leichter zu machen, ist der Autor besonders an den *verborgenen Zielen* der Faulheit interessiert. Haben die Eltern die *geheimen* Absichten des Kindes erkannt, hönnen sie effektiver mit ihren Kindern das Fehlverhalten ändern.

Über den Autor

Reinhold Ruthe, geboren 1927 in Löhne (Westfalen), leitet heute nach einer Zusatzausbildung zum Eheberater und einem individualpsychologischen Studium mit Lehranalyse eine evangelische Familienberatungsstelle für Lebens-, Ehe-, Verlobten- und Erziehungsfragen. Er ist außerdem als Dozent für Psychologie an einer staatlichen Krankenpflegeschule und an einem staatlichen Altenpflegeseminar tätig. Er schrieb zahlreiche Bücher über die Gebiete Sexualpädagogik, beratende Seelsorge, Pädagogik und Parapsychologie.

Reinhold Ruthe

Faulheit ist heilbar

Ein Leitfaden für Eltern
Aus der Beratungspraxis

Herderbücherei

Originalausgabe
erstmals veröffentlicht als Herder-Taschenbuch

1. Auflage Mai 1975
2. Auflage März 1977

Inhalt

Vorwort

Viele Eltern klagen über Faulheit und andere Schulschwierigkeiten ihrer Kinder. Lern- und Leistungsstörungen gehören heute zum normalen Schul- und Familienalltag.

Unter den Störungen, die Eltern in der Beratung gehäuft anführen, ist in der Regel Faulheit mit von der Partie. Eltern und Erzieher zerbrechen sich den Kopf: Ist Faulheit angeboren? Ist Faulheit ein seelisches Fehlverhalten? Warum? Ist Faulheit ein Mangel an Begabung, eine Antriebshemmung oder eine Zwillingsschwester der Dummheit? Ist Faulheit eine Volkskrankheit unserer viel geschmähten Leistungsgesellschaft, eine Reaktion auf Überforderung? Ist Faulheit ein Produkt der Reizüberflutung? Sind die ständigen Reformen, Schichtunterricht, Lehrermangel, übergroße Klassen hauptsächlich an dieser Misere Schuld?

Faulheit ist kein unabwendbares Schicksal.

Faulheit ist heilbar.

Eltern müssen nicht ergeben die Faulheit hinnehmen, und Kinder können sich nicht auf einen Charakterfehler berufen. Faulheit ist nicht die Begleitmusik der Dummheit, denn viele ausgesprochen intelligente Kinder sind faul. Faulheit ist ein vielschichtiges Problem, ein Syndrom, ein Zusammenspiel verschiedener Faktoren, die das Fehlverhalten auslösen. Faulheit ist ein Verhaltensmuster, das sich bei jedem Kind anders äußert. Unrealistische Erwartungen der Eltern, Ehrgeiz, mangelnder intellektueller Ansporn, seelische Konflikte, schwere Ängste, Apathie, Rückzugsverhalten, Pessimismus und Entmutigung, mangelnde Kontaktfähigkeit und körperliche Minderwertigkeiten können das Verhalten beeinflussen.

Kein normales Kind ist faul oder völlig interesselos. Wenn aber doch, dann sind Abwehrmechanismen im Spiel, die Eltern und Erzieher klären müssen.

Im Buch wird der Versuch gemacht, die charakteristischen Begleitsymptome der Faulheit zu untersuchen.

Was bezweckt das Kind mit seiner Faulheit?

Wovor flieht es? Vor was sucht es auszuweichen?

Warum benutzt das Kind diese Abwegigkeiten?

Welche Lebensumstände, erzieherischen Praktiken und individuellen Beweggründe haben das Kind zu dieser Verhaltensform provoziert?

Das Buch ist das Ergebnis von *Familienberatungsgesprächen*. Es basiert im wesentlichen auf den Erkenntnissen der Individualpsychologie Alfred Adlers und seiner Schüler und will in erster Linie Eltern und Erziehern als praktischer Ratgeber dienen.

Faulheit als Arbeitsstörung

In der Beratung geben viele Eltern vorschnell ein Urteil über ihre Sprößlinge ab. Diese Urteile klingen hart und unerbittlich. Sie sind verärgert, erschüttert und verzweifelt über eine Lebenshaltung, die sie nicht verstehen.

„Mein Kind hat *keine Lust* zu arbeiten",
„unser Junge *haßt* jegliche Arbeit",
„unser Kind sitzt *nichtstuend* herum",
„unsere Tochter ist total *apathisch*",
„unser Kind *drückt* sich, wo es kann."

Was steckt hinter solchen Feststellungen? Ist der Mensch von Hause aus faul und träge? Besitzt er eine angeborene Lust zum Nichtstun? Wir glauben das nicht. Der Mensch ist von Kind an ein Wesen voller Aktivität, voller Tatendrang. Er bewegt sich, er greift um sich. Er strebt vorwärts, er zeigt Initiative und will die Welt durch Spiel und Interesse kennenlernen.

Ist das Kind faul und träge, arbeitsunlustig und abweisend, liegt eine grundlegende *Persönlichkeitsstörung* vor. Faulheit hat bei jedem Kind einen anderen Hintergrund. Sie wird aus verschiedenen Quellen gespeist. Immer handelt es sich aber um Abwehrmethoden, deren *Sinn* und *Zweck* zu klären sind. Erst wenn wir die *unbewußten Motive* des Kindes erkannt haben, die sich aus einem Geflecht von dynamischen Wechselbeziehungen in der Familie und in der Schule entwickelt haben, können wir dem Kind helfen.

Faulheit ist Interesselosigkeit

Eine Ursache der Faulheit beschreibt der Jugend-Psychiater Reinhard Lempp und charakterisiert sie so:

„Ich will hier nicht auf den alten Einwand von der Faulheit der Kinder eingehen. Es gibt keine faulen Kinder, es gibt nur *desinteressierte* Kinder. Ein Kind hat in einem bestimmten Fach entweder ein mitgebrachtes Interesse, oder das Interesse kann vom Lehrer des betreffenden Fachs geweckt werden."[1]

Herr Berger ist Jazz-Pianist. Ein beneidenswerter Musiker. Wenn Konzerte gegeben werden, jubelt man ihm zu. Mit unbeschreiblich leichter Hand tänzeln die Finger auf den Tasten. Er hat einen neunjährigen Sohn, der auch Pianist werden möchte. Er freut sich auf den ersten Unterricht bei einem alten Lehrer, den der Vater ausgesucht hat. Der Vater hat ihm ein Klavier geschenkt, das er in seinem großen Kinderzimmer traktieren darf. Der Junge hat einmal in der Woche Unterricht, hält diesen Unterricht auch drei Jahre durch und bricht dann eines Tages das Klavierspiel abrupt ab und will nie wieder in seinem Leben ein Instrument anrühren, wie er sagt.

Was ist hier schiefgelaufen? Wie kam es zur völligen Enttäuschung? Ich will einige Punkte erwähnen, die in diesem Fall eine Rolle gespielt haben. In der Regel sind es mehrere Faktoren, die allmählich die Abwehr vergrößern und den Unwillen verstärken. Das Interesse erlahmt.

1. Der Vater war ein großer Pianist, aber seine Gattin, die den Unterricht *überwachte,* eine schlechte Pädagogin. Wenn der Junge nicht gehorchte, bekam er von seiner Mutter zu hören: „Dauernd muß ich dich zehnmal rufen, und du kommst nicht. Jetzt übst du dafür eine halbe Stunde länger auf dem Piano." Der Unterricht macht keine Freude mehr, er wird als *Bestrafung* empfunden.

2. Der alte Lehrer hatte dem Vater einen Gefallen tun wollen, als er zusagte, den Jungen zu unterrichten. Im Grunde war der Lehrer ständig verstimmt, weil er mit einem Anfänger arbeiten mußte. Die Verstimmung wirkte sich negativ auf die Lern- und Übungsbereitschaft des Jungen aus. Hinzu kam, daß der Lehrer ständig seine Unzufriedenheit über den mangelnden Fortschritt des Jungen äußerte. Aus dem Spiel wurde bitterer Ernst, aus der Freude saure Arbeit.

Faulheit – oder unsere Einstellung zur Arbeit ist falsch

Wenn es Eltern und Erziehern gelingt, die *Einstellung* zur Arbeit und zum Spiel grundlegend zu ändern, werden neurotische Arbeitsstörungen auf ein Minimum reduziert. Wir sind mit der Vorstellung groß geworden, daß Arbeit hart, unangenehm, sauer, schwer und belastend ist. Wir halten Arbeit für eine *leidige Pflicht.* Wir glauben das und leben entsprechend. Allerdings wundern wir uns, wenn unsere Kinder arbeitsscheu, faul und abwehrend sind. Stellen wir uns einen Augenblick vor, unsere Einstellung zu Arbeit und Spiel sei umgekehrt: Die Arbeit macht Freude, Arbeit ist eine Lust. Wir *dürfen* arbeiten. Die armen Reichen *müssen* faulenzen. Wir freuen uns an der Tätigkeit, haben Erfolg, fühlen uns bestätigt und können ehrlichen Herzens sagen: Ohne Arbeit kann ich nicht leben, Arbeit macht das Leben süß, Arbeit ist das Salz des Lebens.

Jörg ist zehn Jahre alt und hat für das Wochenende die Küche übernommen. Er freut sich darauf, schmackhafte Mahlzeiten für alle Familienangehörigen zu kochen. Das Kochen ist für ihn eine Lust. Auf der Straße spielen die Nachbarskinder. Nichts zieht ihn nach draußen. Die Mutter wirft einmal einen Blick in die Küche, Jörg will sich nicht helfen lassen. Er ist stolz auf seine Kochkünste, und die höchste Auszeichnung für ihn ist, wenn die Gerichte schmecken und der Familie das Wasser im Munde zusammenläuft, wenn die Speisen aufgetragen werden. Jörg wirft einen Blick auf die Straße, zehn Kinder spielen Fußball, alle sind verschwitzt und keuchen, einige haben Schrammen im Gesicht und an den Beinen. Die meisten von ihnen drücken sich vor den kleinsten Hausaufgaben, aber sie investieren Kraft, Schweiß und Arbeit in ihre Spiele. Jörg hat mehr Freude an seinen Kochkünsten. Das Essen hat geschmeckt. Jörg ist zufrieden. Und die Mutter sagt: „Jörg, jetzt ist Schluß mit der Arbeit, du spielst jetzt. Vater und Mutter werden das Geschirr abräumen und spülen. Du gehst auf die Straße und wirst Fußball spielen."

Jörg wird in dieser Familie niemals ein Faulenzer. Nach menschlichem Ermessen wird er *niemals* an Arbeitsstörungen leiden. Er hat Interesse an der Arbeit, Freude am Tun, Zufriedenheit am Gelingen. Er arbeitet nicht, um andere zu übertrumpfen, um anderen zu beweisen, daß er es besser kann. Für ihn ist Arbeit Spiel.

Rudolf Dreikurs meint dazu: „Müssen wir wirklich die Übernahme der Pflichten weiter mit dem Gefühl von unannehmlichen Aufgaben verbinden? Hier stehen wir vor einem grundsätzlichen Problem der Erziehung – und darüber hinaus – vor einem Problem, das die ganze Menschheit wird lösen müssen ... ein weiser Mann hat einmal gesagt: ‚Kann man sich vorstellen, daß es im Himmel keine Arbeit gibt? Wie könnte es der Himmel sein, wenn nichts zu tun ist?' Nützliche Betätigung an sich braucht nicht unangenehm zu sein; sie ist der Ausdruck des Lebens; sie ist nicht nur eine Aufgabe, sondern ein Bedürfnis... Wir sind darauf gekommen, daß zwei- bis dreijährige Kinder Lesen, Schreiben und Mathematik ‚wie im Spiel' erlernen können. Die Tätigkeit als solche wird als angenehm und unterhaltend angesehen, besonders da sie von jeder Frage des Tuns oder Nichttuns frei ist. Man kann alles ‚im Spiel' erlernen, was in der Methode unseres Unterrichts nur mit Mühe eingetrichtert wird. Das kindliche Spiel ist nicht nur Vorbereitung für das praktische Leben, es ist, wie wir nun wissen, ‚Berufsausübung'."[2]

Schlußfolgerungen:
- Der scheinbare Gegensatz zwischen Spiel und Pflicht besteht nur für Erwachsene, da das Kind sein Spiel ebenso ernst nimmt wie der Erwachsene seine Pflicht.
- Viele Erzieher neigen dazu, das Pflichtbewußtsein des Kindes durch Druck und Unannehmlichkeiten zu entwickeln. Sie erziehen die Kinder im Widerstand zur Schule, zum Lernen, zur Aufgabe.
- Viele Kinder gehen zur Schule, um andere Kinder zu überflügeln, um gescheiter und tüchtiger als andere zu werden. Sie lernen, um eines Tages eine gutbezahlte Arbeit zu bekommen. Dieser falsche Ehrgeiz läßt viele scheitern. Noch einmal Rudolf Dreikurs: „Unsere Strafanstalten, unsere Nervenheilanstalten und Spitäler sind mit *überehrgeizigen* Menschen bevölkert, deren Versagen im Leben direkt auf ihren übermäßigen Ehrgeiz zurückgeführt werden kann."[3]
- Der Beruf dient weniger der Beitragsleistung an der Gemeinschaft denn als Mittel im Prestigekampf. Wettkampf, Konkurrenz und Karrieregedanken machen den Beruf zur Befriedigung des Ehrgeizes.

Wir vermitteln unseren Kindern mit dieser Einstellung ein negatives Bild vom Lernen, von der Schule und von der Arbeit.

Interesse muß geweckt werden

Schule, Lehrer und Eltern verlangen in der Regel von den Schülern *Vorleistungen*. Sie übersehen, daß solche Vorleistungen, die sie den Kindern abverlangen, selbst Produkte von Lernprozessen sind.

Ob ein Junge fleißig ist,
ob ein Mädchen leicht auffaßt,
ob sich Kinder interessiert zeigen,
ob Kinder fragen,
ob Kinder sich selbst umsehen,
ob Kinder sich beteiligen,
ob sie Übungen und Wiederholungen willig auf sich nehmen, alles das sind Fakten von Lernprozessen. Zweifellos gibt es ein ursprüngliches, vererbtes *Insgesamt* von Anlagen, die sich unter anderem in unterschiedlichen Denk- und Gedächtnisleistungen ausweisen. Allerdings bekommen wir diese Anlagen niemals rein zu Gesicht. Was uns als Begabung eines Menschen entgegentritt, ist stets das Produkt aus Anlage und der Summe bisheriger Erfahrungen. Was übersehen Eltern und Lehrer, wenn kein Interesse vorhanden ist? Was haben Eltern und Erzieher getan, daß Kinder bestimmte Fächer meiden? Daß sie Leistungen ablehnen, Schularbeiten verurteilen und jegliche Schularbeit sabortieren? Erich E. Geissler ist der Meinung: „Worauf sich unsere Schulen, angefangen von den Volksschulen bzw. Grundschulen bis hinauf zu den Hochschulen, heute noch so gerne stützen, die angebliche Begabung, die der Schüler als Voraussetzungen mitbringen soll, diese vorausgesetzte Begabung wird in dem Maße sekundär, um es noch schärfer und entschiedener zu sagen, geradezu als Irrweg der Pädagogik zu betrachten sein, in dem die Lehrer jenes Erlernen des Lernes zu betreiben als ihre primäre Aufgabe erkennen werden ... Entscheidend ist niemals die Schnelligkeit des Lernvorganges. Es wird vielmehr auf die Qualität des Erreichten ankommen, gleich wie lange, gleich auch, wie intensiv daran geübt worden ist ... wenn sich Interessen bilden lassen, dann darf man auch nicht mehr Schüler wie Studenten einfach danach beurteilen, in welchem Umfang sie Interessen immer gleich schon mitbringen. Dann wird vielmehr Interessensbildung oder – wie wir heute gewöhnlich sagen – Motivationsbildung zur ersten und wichtigsten Aufgabe eines jeden Unterrichts."[4]

Alwin hat die Lust verloren

Alwin ist das zweite Kind einer Lehrersfamilie. Er hat noch einen Bruder, ein Jahr älter, der den Vorstellungen seines ehrgeizigen Vaters voll entspricht. Der Vater ist ein körperbehinderter Gymnasiallehrer, der seit frühester Kindheit an starken Sehstörungen leidet, eine Brille mit dicken Gläsern trägt und einen etwas miß-trauischen Eindruck macht. In Gesprächen verrät er, daß er sehr ehrgeizig ist, seit seiner Schulzeit die körperliche Organminder-wertigkeit durch Leistung und gute Noten ausgeglichen hat. Die Mutter ist eine warmherzige Frau, die sehr stolz auf ihren Mann ist und seine ehrgeizigen Pläne direkt oder indirekt unterstützt. Der Vater beherrscht die Familie. Alles hat sich seinem geistigen Anspruch unterzuordnen. Edwin, der ältere Bruder, ist ein Mu-sterschüler. Seine Noten liegen im Durchschnitt bei 1,3. Der Va-ter erwähnt es stolz. Überall ist Edwin beliebt, bei Freunden, besonders bei den Großeltern. Die haben den ältesten Sohn ver-wöhnt, in den Mittelpunkt gestellt und ständig ihren Stolz un-verhohlen geäußert. Der ehrgeizige Vater hat sich unbewußt stärker dem ältesten Sohn zugewandt, der gern mit ihm disku-tiert, aufgeschlossen reagiert und wortgewandt dem Vater antwortet. Alwin, der zweite, schweigt. Er zieht sich zurück und führt ein Eigenleben. Schon als kleiner Junge stand er ständig im Schatten seines geliebten Bruders. In dem Maße, wie der Äl-tere zum Liebling aller wurde, wandelte sich Alwin zum Ge-hemmten, Schüchternen und Introvertierten. Er gab keine Hand, antwortete nicht, wenn er gefragt wurde, und saß nur still und teilnahmslos daneben. Zwischen Vater und Alwin entwickelten sich von Jahr zu Jahr größere Spannungen, die Leistungen in der Schule ließen mehr und mehr nach. Der Junge wurde lustlo-ser, fauler und resignierte am Leben überhaupt. Er schmierte desinteressiert die Aufgaben herunter und saß entmutigt im Un-terricht und verzichtete zunehmend auf alle Aktivitäten. Er ließ die Schultern hängen und ging nach vorn gebeugt, und der Vater zwang ihn zum Schwimmen, damit er eine bessere Haltung bekäme. Der Vater ließ einen Intelligenztest machen und stellte fest, daß der Junge überdurchschnittlich begabt war, die Lei-stungen aber den Fähigkeiten keinesfalls entsprachen. Ihm wurde geraten, eine Beratungsstelle aufzusuchen.

Vater, Mutter und Alwin kamen einzeln und gemeinsam in die Beratung. Besonders der Vater zeigte zunehmend Interesse an den Gesprächen und arbeitete aktiv mit, um seinen Erzie-hungsstil zu ändern und sein erzieherisches Fehlverhalten abzu-bauen.

- Das älteste Kind wurde mit Spannung erwartet. Es stand bei Eltern und Großeltern im Mittelpunkt. Alle Fähigkeiten wurden bestaunt. Alle Fortschritte hervorgehoben.
- Alwin war wieder ein Junge. Er konnte gar nicht die Beachtung und Aufmerksamkeit erlangen wie sein Bruder. Zudem hatten alle Fähigkeiten einen *zweit*klassigen Charakter – jedenfalls in den Augen von Eltern und Großeltern. Es war ganz ausgeschlossen, das Prachtexemplar des älteren Bruders zu übertreffen. Entsprechend wurde er beurteilt. Er war und blieb der Zweite, der Jüngere, der Schwächere, der Kleinere.
- Den Ehrgeiz des Vaters machte sich der Ältere voll zu eigen, der zweite fiel dagegen ab. Unmerklich blieb der Älteste für den Vater im Mittelpunkt. Die Hauptgespräche spielten sich zwischen Vater und Edwin ab. Alwin saß stumm daneben.
- Im Vater wuchs unaufhörlich der Widerstand gegen den zweiten Sohn. Er kritisierte ihn schärfer, litt unter verschiedenen Verhaltensweisen und ließ ihn links liegen. Dieser Liebesentzug schürte die Resignation. Teilnahmslosigkeit und Hoffnungslosigkeit griffen um sich. Der Vater suchte einen Psychiater auf.
- Alwin kaute Nägel und grimassierte zwischendurch. Diese Spannungsentladungen wurden vom Vater als Trotzreaktionen gewertet und entsprechend geahndet. Er mußte auf beliebte Fernsehsendungen verzichten und wurde aus der Familie exkommuniziert. Das Grimassieren besserte sich wesentlich, als die Eltern aufhörten, dieses Verhalten zu beschimpfen.
- In Alwin vergrößerte sich zunehmend sein Minderwertigkeitsgefühl, verstärkte sich seine Lebensunlust. Die Leistungen sanken rapide ab, weil er fest davon überzeugt war, seinen Platz in der Familie und in der Gruppe nicht gefunden zu haben.
- Der Älteste wurde ihm laut und leise, direkt und indirekt als Vorbild hingestellt. Dieses Vorbild stieß bei ihm zunehmend auf Widerstand. Er wollte total anders sein. Alwin flüchtete in die Gegenposition. Der Älteste hatte einen wunderschönen Tenor, er sang in einem bekannten Chor mit, der zweite „röchelte", wie der Vater es nannte.
- Die Mutter stand im Bann des Vaters. Sie hätte sich gern dem

17

zweiten Sohn liebevoll zugewendet, wurde aber vom Vater daran gehindert. Die Mutter respektierte die Ansichten ihres Mannes, des erfahrenen Pädagogen, und blieb distanziert, um Alwin nicht zu verweichlichen.

– Charakteristische Äußerungen des zweiten Sohnes verrieten seine lebensverneinende Einstellung. Auf die Frage: „Was möchtest Du einmal werden?" antwortete er ostentativ: „Nichts." Die Worte „ist mir gleichgültig", „mir völlig egal", „spielt keine Rolle", „hat keinen Zweck", „alles ist sinnlos" tauchten verstärkt in Gesprächen auf. Zum Ärger der Eltern bediente er sich der „Fäkalsprache", wie der Vater es nannte. Alwin redete wenig, wenn aber, dann in markanten Ein-Wort-Beschreibungen: Scheiße, Mist, Käse, Sauerei usw.

– Besonders schockierend erlebten die Eltern, daß Alwin sich nicht mit der Glaubenshaltung seiner frommen Eltern identifizieren konnte. Der Vater war Kirchenvorsteher, ging regelmäßig sonntags zum Gottesdienst. Alwin wollte sich nicht konfirmieren lassen. Er haßte das fromme Getue, faltete bei Tisch nicht seine Hände und ging nicht zum Gottesdienst, obschon er als Konfirmand mehr oder weniger dazu verpflichtet gewesen wäre. Den Konfirmandenunterricht besuchte Alwin, aber als völlig passiver Zuhörer. Antworten gab er keine, Aufgaben erledigte er prinzipiell nicht. Dem Vater zuliebe sah der Pfarrer davon ab, ihm die Konfirmation zu verweigern.

Alwin gewinnt die Lust am Leben und an der Schule zurück

Der Prozeß der Umwandlung Alwins hat sich in ca. einem Jahr vollzogen. Was war ausschlaggebend? Welche pädagogischen Hilfen hatten Erfolg? Welche Faktoren erleichterten Alwin, seine Resignation aufzugeben, seine Faulheit abzulegen und sein lebens- und gemeinschaftsfeindliches Verhalten abzubauen?

1. Vater und Mutter *bejahten* die geschilderten Erlebnisse der Beratung. Sie wurden gemeinsam erarbeitet. Diese Grundeinstellung war die Voraussetzung für alle therapeutischen Aktionen. Besonders der Leidensdruck des Vaters war ein fruchtbarer Nährboden für einen kontinuierlichen, familiären Umwandlungsprozeß.

2. Der Vater rückte allmählich von der bei ihm fest verwurzelten Auffassung ab, sein Sohn Alwin litte an einer Schizophre-

nie, die *allein* medikamentös zu behandeln sei. Bis zum Beratungsbeginn war er davon überzeugt gewesen, daß das auffällige Verhalten seines Sohnes anlagebedingt sei und kaum etwas mit *zwischenmenschlichen Beziehungen* zu tun habe.

3. Beide Eltern erkannten, daß sie ihrem Ältesten eine Mittelpunktrolle verschafft hatten, die der Junge mit Verhaltensmustern, die bei Eltern und Großeltern ankamen, untermauert hatte. Edwin wurde bestaunt, gelobt und als Musterkind *vorgeführt*. Edwin *genoß* die Beachtung und revanchierte sich mit angepaßtem Verhalten. Er trat überhöflich, sehr freundlich, charmant und liebenswürdig den Bewunderern entgegen. Er stahl seinem Bruder die Show. Die Eltern hatten jederzeit das Auftreten des Ältesten mit Wohlwollen quittiert.

4. Auf die Frage in der Beratung, welchen Verhaltensweisen der Vater bei seinen Schülern in der Klasse den Vorzug gebe, antwortete er ohne Umschweife: „Fleiß, Lernbereitschaft und vor allem gutes Benehmen.“ Der älteste Sohn spiegelte die Eigenschaften lehrbuchreif wider, der zweite widersetzte sich energisch, weil er im Schatten des tüchtigen Bruders auf keinem dieser Gebiete Lorbeeren ernten konnte. Unbewußt war der Älteste zum Lieblingssohn und der Zweite zum Sorgenkind und zum Prügelknaben geworden.

5. Die Eltern stellten systematisch ihr Verhalten um. Bisher hatten sie sich fast ausschließlich mit dem Ältesten beschäftigt. Der Zweite war links liegen gelassen worden, weil ihm nicht beizukommen war. Die Eltern hatten es aufgegeben, Alwin zum Sprechen zu bringen. Ihnen wurde klar, wer ein Kind aufgibt, der provoziert das Kind, sich selbst aufzugeben. Jetzt stellten sie *zuerst* an Alwin ihre Fragen, zeigten echtes Interesse an seinen Leistungen, Meinungen und Neigungen. Beide Eltern ließen sich nicht entmutigen, wenn Alwin stumm abwehrte und in Ruhe gelassen werden wollte.

6. Ein gemeinsamer Urlaub der Eltern – nur mit Alwin –, der in der Beratung in Einzelheiten durchgesprochen war, brachte eine fühlbare Wende. Der stille, gehemmte und verschlossene Junge stand plötzlich im Mittelpunkt. Der Vater war nur für ihn da. Dem Vater gelang es, nicht nur Anteilnahme zu *spielen*, sondern zu *leben*. Alwin taute auf. Er gab seine trotzige und resignative Zurückhaltung auf.

7. Die Mutter hatte in der Beratung erkannt, daß sie im Schlepptau ihres Mannes stand und – gegen ihr Gefühl – den

zweiten Sohn noch stärker in die Isolierung und Resignation getrieben hatte. Alwin hatte noch im Alter von acht Jahren versucht, die Mutter zu gewinnen, indem er fleißig im Haushalt half. Aus Angst vor ihrem Mann, der Junge könnte eine weibische Art annehmen und ein verweichlichtes und lebensuntüchtiges Muttersöhnchen werden, hatte die Mutter alle Annäherungsversuche abgelehnt.

8. Die Mutter litt unter einer übertriebenen Verantwortungsscheu, wich allen Entscheidungen aus und hielt sich daher peinlich genau an die Anweisungen ihres Ehepartners. Alwin mußte das Gefühl bekommen, von Gott und der Welt verlassen zu sein. Eine Reihe Ehegespräche beschäftigten sich ausschließlich mit diesem Problem. Es fiel dem Mann unsagbar schwer, seine bestimmende und entschiedene Art abzulegen und seiner Frau mehr Entscheidungsspielraum zuzugestehen. Beide hatten sich gesucht und gefunden. Der Mann genoß seinen Führungsanspruch, die Frau ihr Anlehnungsbedürfnis.

9. Das Gespräch mit zwei Lehrern, die Alwin bisher gefühlsmäßig abgelehnt hatten, war erfolgreich. Sie hatten sich bisher außerstande gesehen, mit dem Jungen zu kommunizieren. Beide hielten ihn für geisteskrank und eine Änderung für kaum möglich. In telefonischen Gesprächen wurde eine Serie *gezielter Ermutigungen* besprochen, um das Eis seiner Ablehnung abzutauen. Beide Lehrer berichteten übereinstimmend, daß sich die Leistungen des Jungen gebessert hätten, wenn auch die Mitarbeit noch zu wünschen übrig ließ. Eine Änderung im außerschulischen Bereich gelang nach dem harmonischen Sommerurlaub. Ein Besuch des zuständigen Gemeindepfarrers in der Beratung gab den Ausschlag. Die Gemeinde suchte einen Trainer für eine Jungschar-Tischtennis-Spielgruppe, die sich freiwillig im Gemeindehaus etabliert hatte. Alwin konnte gut Tischtennis spielen, das hatten Gruppenleiter, die mit Alwin zum Gymnasium gingen, dem Pfarrer berichtet. Leider war bis dahin die Fähigkeit des Tischtennisspielens vom Vater völlig ignoriert worden. In seinen Augen war das zwar eine nette Freizeitbeschäftigung, aber kein ernst zu nehmender Sport. Der Zeitpunkt war günstig gewählt. Alwin sagte sofort zu. Der Pfarrer war selbst überrascht und riet dem Jungen, augenblicklich einen Gruppenleiterlehrgang zu absolvieren. Zum ersten Mal in seinem Leben entwikkelte Alwin überdurchschnittlichen Ehrgeiz. Er schnitt beim Gruppenleiterlehrgang als Bester ab. Er fühlte sich bestätigt, von

der Gruppe anerkannt, entwickelte enorme pädagogische Fähigkeiten, den Jungen das Tischtennis-Spiel beizubringen. Zwischenzeitlich wurde er konfirmiert, hatte seinen Haß auf die Kirche vergessen und mauserte sich zum zuverlässigsten Mitarbeiter in der Gemeinde.

In dem Maße, wie Alwin sich in der Familie, in der Gruppe und in der Schule wohler fühlte, ernst genommen und auf seine Mitarbeit Wert gelegt wurde, änderte sich seine Lebenseinstellung. Sein Gang war elastischer, zügiger geworden, seine Stimme kraftvoller. In seinen Gesichtszügen spiegelte sich Lebenserwartung. Als ich ihn das letzte Mal sah, fragte ich ihn beiläufig: „Was hast du einmal vor, Alwin?" Er sagte: „Genau weiß ich es nicht, aber ich denke Diplom-Sportlehrer."

Faulheit als Symptom

Hochgradige Faulheit und andere neurotische *Symptome* sind dazu da, das Persönlichkeitsgefühl des Menschen zu sichern. Symptome haben die Funktion, den Menschen das Gefühl zu vermitteln, mit dem Leben fertig zu werden. Symptome liefern dem Kind eine plausible Entschuldigung, sich vor Anforderungen auf einleuchtende Weise zu drücken. Wer ein Symptom vorzeigen kann, hat ein brauchbares Alibi. Ihm werden „mildernde Umstände" zugebilligt. Er ist entlastet. Sein Prestige ist gewahrt. Er kann sein Gesicht nicht verlieren. So verstanden sind Symptome – zum Beispiel Faulheit – „zweckdienliche Schöpfungen des Menschen" (A. Adler), die *unbewußt* arrangiert werden, um sich zu rechtfertigen und um sich vor Belastungen zu drücken. Das Kind glaubt an seine unbewußten Schöpfungen. Denn wären sie ihm bewußt, würde die Rechtfertigung – auch vor sich selbst – untergraben. Faulheit ist ein Symptom und weist auf eine tieferliegende Grundstörung hin. Fehlhaltungen eines Kindes sind das Ergebnis eines längeren, verborgenen Störprozesses. Die Behandlung des Symptoms ist zwecklos. Faulheit als Symptom ist als der mißlungene Versuch aufzufassen, mit verborgenen Spannungen und Konflikten fertig zu werden. Eltern, die am Symptom herumbasteln, betreiben Symptomkosmetik. Zum Beispiel: Sie wollen seelisch bedingte *Konzentrationsstörungen* und Verträumtheit eines Kindes durch Vitamine und Aufbaupräparate heilen.

Das Symptom als Barrikade

„Hätte ich diese schreckliche Gedächtnisschwäche nicht, könnte ich genügend leisten. Ich würde mein Klassenziel erreichen."

„Die Konzentrationsstörungen machen mir erheblich zu schaffen, ohne sie könnte ich Doppeltes leisten."

„Ich stehe so unter Streß, leide an Schlaflosigkeit und Nervosität, daß ich nicht einmal einen Bruchteil von dem leisten kann, was ich leisten müßte."

Bei Licht besehen, sind es faule Ausreden. Das Kind hat diese Hindernisse aufgebaut, um sich hinter ihnen zu verstecken. Hinter der Symptom-Barrikade fühlt es sich geborgen. Diese Barrikaden sind ein ausgezeichneter Selbstschutz. Das Kind macht sich unangreifbar. Eltern und Erzieher sind machtlos. Sie laufen gegen diese Barrikaden ergebnislos an. Das Kind beruft sich erfolgreich auf seine Unfähigkeit – *wegen der Symptome.*

Die Symptomwahl: Platzangst

Welches Symptom der Schüler wählt, hängt von seinem Lebensstil, von seiner Lebenslinie und von seiner speziellen Einstellung ab, wie er Ziele anstrebt. In der Regel verrät seine spezielle Lebensmelodie, die unüberhörbar ein Leitmotiv widerspiegelt, welche Wege er beschreiten könnte, welche Symptom-Wahl vorgezeichnet ist. Wenn wir von einer *Reaktion* auf Verhältnisse sprechen, kennzeichnen wir den Vorgang zu einspurig. Die Symptomwahl ist ein Kunstwerk, eine Schöpfung, eine schöpferische Leistung, mit der der Mensch vermeintliche Niederlagen zu umgehen versucht.

Alfred Adler kommentiert das so:

„Von einer kausalen Bedingtheit ist im Hinblick auf die Neurose natürlich keine Rede; der Patient ist nicht etwa zu seinen Symptomen verpflichtet, wie man bei kausaler Betrachtung herausbekommen müßte. Es ist, als ob er sich zu seinen Symptomen verlocken, verleiten ließe. Es liegt eine Verführung des menschlichen Geistes vor, die aber so nahe liegt, daß wir sie nachfühlen können."[5]

Wir wollen an Heinz demonstrieren, wie er – auf dem Hintergrunde seines Lebensstiles – ein Symptom produziert, das ihm gestattet, die Schule zu schwänzen und sich vor der Schule und den Schularbeiten zu drücken.

Heinz ist jüngstes Kind, inzwischen 17 Jahre alt, und besucht das Gymnasium. Er hat noch zwei ältere Schwestern. Seine Mutter ist eine übertrieben ängstliche Frau, die jeden Schritt von Heinz mit Argusaugen überwacht und kontrolliert. Er hat immer eine starke Beschützerin gehabt, eine Begleiterin, die nicht von seiner Seite ging. Sie wachte über alle Schritte, alle kindlichen Spiele und redete pausenlos in seine Pläne hinein. Seinen Lebensstil kann man mit einem Satz umschreiben: „Ich brauche eine starke Stütze."

Als er in die obere Klasse des Gymnasiums ging, ließen seine Leistungen nach. Die Mutter konnte ihm nicht mehr helfen, und er fühlte sich schulisch im Stich gelassen und zunehmend verängstigt. Als die entscheidenden Arbeiten zur Versetzung in die Unterprima geschrieben wurden, packten ihn plötzlich „unbegreifliche Ängste". „Ich kann Ihnen das nur schwer schildern. Wenn ich morgens aus dem Hause will, bleibe ich wie erstarrt stehen. Der Boden bewegt sich. Ich sehe die Straße in Bewegung. Ich halte mich an der Tür fest. Zuerst habe ich gedacht, meine Augen seien nicht in Ordnung. Als es öfter passierte, habe ich mir vorgestellt, ich sei geisteskrank. Ich fühlte mich plötzlich auf einer schwabbeligen Masse. Ich floh ins Haus zurück."

Was Heinz beschreibt, bezeichnen wir als *Platzangst.* Die Symptomwahl entspricht seiner Lebensstil-Grundhaltung. Er hat seit früher Kindheit in der Wechselbeziehung mit Mutter und den älteren Schwestern trainiert, andere für sich arbeiten zu lassen, sich von Mutter und älteren Geschwistern unterstützen, fördern und verwöhnen zu lassen. Den Mut zum Alleingang hat er verlernt. Das Vertrauen, Probleme des Lebens allein zu meistern, blieb unterentwickelt. Um nun befürchteten Niederlagen erfolgreich begegnen zu können, entwickelte er das geschilderte Platzangst-Symptom. Es funktionierte augenblicklich. Die Mutter schlug die Hände über dem Kopf zusammen, behielt den „armen Jungen" zu Hause und zog ihn von der Front des Lebens in die Etappe. Hier fühlte er sich wohl, nicht bedroht, nicht gefordert, nicht überbeansprucht – und konnte Lehrer und Eltern davon überzeugen, daß ein Schulbesuch in dieser Verfassung unzumutbar sei.

Faulheit als Schild

Wir haben von der Funktion der Symptome gesprochen und versucht, die Symptomwahl beispielhaft zu erklären. Das Kind *benutzt* die Faulheit, um sich Vorteile zu verschaffen. An dieser Stelle widersprechen viele Eltern. Sie argumentieren so:

„Wie kann das Kind die Faulheit *benutzen,* um Vorteile daraus zu ziehen, wenn es ständig beschimpft wird. Es hat doch nur

Nachteile davon." Die Fragen lauten aber: Womit erzielt das Kind einen größeren Erfolg? Worauf kommt es dem Kind zutiefst an?

Alfred Adler gibt an einer Stelle seiner Bücher folgende Antwort: „Das faule Kind besitzt gewisse Vorteile. Viele Kinder machen sich eine faule Haltung zu eigen, um auf diese Weise ihre Situation zu erleichtern. Die Familie sagt im allgemeinen: ‚Was könnte es tun, wenn es nicht faul wäre?' Die Kinder geben sich mit dieser Erkenntnis zufrieden, daß sie alles erreichen können, wenn sie nicht so faul wären. Dies ist Balsam für das Kind, das zuwenig Selbstvertrauen hat. Es ist eine Stütze, die zum Erfolg führt, und das nicht nur bei Kindern, sondern genauso bei Erwachsenen. Wenn solche Kinder etwas tun, gewinnt ihre kleine Tat in ihren Augen besondere Bedeutung. Faule Kinder sind wie Seiltänzer, die mit einem Netz arbeiten; wenn sie fallen, fallen sie weich. Es ist weniger schmerzlich, wenn einem gesagt wird, daß man zu faul ist, als wenn einem angedeutet wird, daß man unfähig ist. Kurz gesagt, Faulheit dient als Schild, um den mangelnden Glauben des Kindes an sich selbst zu verbergen und um es davon abzuhalten, Versuche zu unternehmen, mit den Problemen, mit denen es konfrontiert wird, fertig zu werden."[6]

Faulheit, die private Intelligenz

Viele Eltern sind verzweifelt, weil ihr Kind einen anderen Weg einschlägt, als sie sich vorgestellt haben. Das Kind stellt sich außerhalb der Gemeinschaft. Das Kind steuert einen Gegenkurs. Es verfolgt andere Absichten und Ziele als die Eltern, als die Familie, als die Schule, als die Gesellschaft. Die Eltern schütteln den Kopf:

„Das ist doch *sinnlos*, was der Junge tut", sagt der Vater;
„dem Kind ist der gesunde Menschenverstand abhanden gekommen", sagt die Mutter;
„wir verstehen das Kind nicht mehr, es handelt völlig unsinnig und unvernünftig", entsetzen sich beide.
Stimmt das?

Die Eltern haben recht, und zwar im Sinne des Common sense, des gesunden Menschenverstandes. Sie ziehen Schlußfolgerungen, wie sie der Durchschnitt der Menschen ziehen würde. Ihre Logik urteilt im Sinne der Logik vieler Menschen. Sie halten das unsinnige Verhalten ihrer Kinder für gemeinschaftsfeindlich, für destruktiv, für dumm.

Die Psycho-Logik des Kindes

Die Eltern haben die Logik auf ihrer Seite, haben aber die Psycho-Logik des Kindes nicht bedacht. Sie machen einen Fehler: Sie unterschätzen die *private Intelligenz*, die private Weltanschauung des Kindes. Jeder Mensch läßt in seinem Verhalten eine Zielstrebigkeit und eine Zweckbestimmtheit erkennen. Er akzeptiert alle Eindrücke, alle Erlebnisse, alles Gehörte und Gelesene, alles Gesehene und Ertastete nur dann, wenn es in sein Konzept paßt. Die *bunte Brille* der persönlichen Wahrnehmung besteht darin, die Welt im Sinne der privaten Intelligenz umzudeuten. Kein Mensch kann die Welt völlig objektiv anschauen. Jeder wird sie durch seine Brille betrachten.

- Der *Optimist* sieht die Welt in leuchtenden Farben, schreckt vor keiner Strapaze zurück und läßt sich durch keine Niederlage erdrücken;
- der *Pessimist* ist der notorische Schwarzseher, er weiß, daß er die Arbeit danebenschreiben wird, daß er nicht versetzt, nicht verstanden, nicht geliebt, nicht gewinnen und nicht schönes Wetter haben wird;
- der *Faule* kann wiederum viele Ziele verfolgen, die den Eltern, der Schule und der Gesellschaft zuwiderlaufen.

Warum kann ihm seine private Intelligenz sagen:

- Ich will auf der unnützen Seite des Lebens stehen, die nützliche ist mir viel zu anstrengend;
- ich lasse das Arbeiten sein, dann werde ich auch in Ruhe gelassen;
- der Vater tyrannisiert mich. Er fällt mir mit seinem Ehrgeiz auf die Nerven. Die ganze Schule hängt mir zum Halse heraus;
- meine Eltern wollen mich zwingen. Ihr Prestige hängt von meinen Leistungen ab. Die werden sich wundern!
- Wenn ich mir die Eltern anschaue, sie haben zweifelsohne Beachtliches geleistet, und was haben sie davon? Nur Arbeit, keine Freizeit, nur Ärger und Krankheiten.

Alle Aussagen des Faulen sind irrtümliche Deutungen. Das Kind legt sich Gründe und Argumente zurecht, an die es glaubt. Es ist von seiner Logik überzeugt.

Die irrtümlichen Ziele des Kindes

Wie ein Kind sich verhält, hängt weitgehend
- von seinen eigenen Vorstellungen ab,
- von seiner Selbstbewertung,
- von seiner Einschätzung des anderen,
- von seinen Methoden, mit denen es sich einen Platz in der Welt erobern will,
- und von seinem Vertrauen in seine Fähigkeiten bzw. von seiner Mutlosigkeit.

Alfred Adler hat diese *private Weltanschauung* des Neurotikers so umschrieben:

„Der Neurotiker hat sich aber völlig andere Aufgaben gesetzt.

Und solange wir etwa vorgehen wie andere Pathologen, werden wir nie verstehen können, warum ein Junge z. B. faul ist, obwohl er dabei nur Unangenehmes erfährt. Erst wenn wir uns fragen: Ist nicht vielleicht seine Absicht eine ganz andere, und handelt er nicht vielleicht im Sinne dieser Endabsicht richtig, dann erst werden wir feststellen, daß an den Erscheinungen, die wir sehen, eigentlich alles richtig ist, nur hat dieser Mensch einen anderen Lebensstil als die Normalen."[7]

Der Faulenzer weiß, was das Leben von ihm verlangt. Aber sein Benehmen, sein Handeln erfolgen, unbekümmert um dieses Wissen, nach einem anderen System. Wir haben also zwei Bezugssysteme vor uns. Das eine ist das normale, das gesellschaftlich durchschnittliche, das alle Logik und den gesunden Menschenverstand umschließt, das andere ist das *private Bezugssystem*. Kein Mensch ist davon frei. Wollen wir dem Kind helfen, müssen wir die Antwort auf die Fragen finden:

- Wozu schlägt das Kind die falsche Richtung ein?
- Was veranlaßt das Kind, einen Gegenkurs zu steuern?
- Was will es beispielsweise mit Konzentrationsmangel, mit Träumereien, mit Unaufmerksamkeit und Langsamkeit erreichen?
- Kann es sein, daß die Eltern durch Überforderung, Ehrgeiz, Zwang, Ungeduld, Nervosität und anderes mehr das Kind zum Widerstand provozieren?
- Kann es sein, daß die Eltern durch Pessimismus, Kritiksucht und Nörgeleien das Kind in seiner Haltung bestärken?

Faulheit und Willensschwäche

Faulheit und Willensschwäche scheinen ein Geschwisterpaar zu sein. Eltern, die über faule Kinder berichten, sprechen in der Regel auch über Willensschwäche.

„Der Bengel hat keinen Funken Willenskraft in sich",
„das Kind läßt sich einfach gehen, es läßt sich willenlos treiben",
„es ist einfach nicht stark genug, um sich zusammenzureißen",
„unsere Tochter will ja mit der Faulheit fertig werden. Ab und zu nimmt sie einen Anlauf. Dann bricht die Willenskraft wieder zusammen",
„Bernd zeigt nicht den geringsten Mumm. Vor lächerlichsten Schularbeiten klappt er zusammen wie ein Taschenmesser",
„der sagt einfach: Ich kann nicht!"

Wenn es auch überheblich wäre zu behaupten, daß wir „Herr unseres Schicksals" seien, so brauchen wir deshalb noch nicht gleich *Opfer* des Schicksals zu sein. Wir sind in der Tat die *Mitschöpfer* unseres Schicksals.

In der Handlung zeigt sich die wahre Absicht

In Wirklichkeit ist das Gerede von der *Willensschwäche* und *Willensstärke* Geschwätz. Der Mensch inszeniert auf der Bühne des Lebens geschickt seine *Scheinkämpfe*. Willensstärke und Willensschwäche sind geeignete Vokabeln, um...

– Überlegenheit zur Schau zu stellen,
– sich zu rühmen,
– auf etwas stolz zu sein,
– eindrucksvoll einen ‚inneren Kampf' zu demonstrieren,
– sich auf geschickte Weise herauszureden und
– sich vor Aufgaben und der Verantwortung zu drücken.

Wir können auf die Begriffe Willenskraft und Willensstärke verzichten, die uns doch nur Sand in die Augen streuen. Was wir aber herausarbeiten müssen, ist:
- die *wahre* Absicht oder die *Schein*absicht,
- das *eingebildete* Ziel oder das *tatsächliche* Ziel,
- das, was wir *eigentlich* meinen, oder das, was wir *uneigentlich* meinen,
- das, was wir *sagen,* und das, was wir *tun.*

Unsere guten Absichten sind problematisch. „Der Weg zur Hölle ist mit guten Vorsätzen gepflastert." Willensschwäche sind vorgetäuschte gute Absichten. Die *wirklichen* Absichten laufen vermutlich in eine andere Richtung. Darum sollten wir weniger auf das achten, was wir *sagen,* als auf das, was wir *tun.* Unsere Handlungen entscheiden. Unsere Entscheidungen enthüllen unsere *wahren* Absichten.

Willensschwäche ist eine starke Waffe

Hans-Peter ist zwölf Jahre alt, ein weicher, aber cleverer Junge. Er ist kein Rebell, er leistet keinen harten Widerstand gegen die Eltern, aber seine Faulheit ist „himmelschreiend", wie der Vater sagt. Er ist ein starker, entscheidungsfähiger Mann, der nicht viel redet, wenn er erzieht, sondern handelt.

„Wenn der nicht will, muß er fühlen!" sagt der Vater.

„Wir mußten das früher auch." Nach dem letzten Zeugnis allerdings ist er am Ende. Vier Fünfen, der Junge ist sitzengeblieben.

„Der ist stinkend faul, und ich weiß, daß er es kann! In den ersten Grundschuljahren hatte er prima Zeugnisse. Der kann nach dem Abitur studieren. Ich mußte mir in Abendstunden alles hart erarbeiten. Mir wurde nichts geschenkt. Ich habe mich durchgebissen."

Hans-Peter sitzt ohne Freizeit hinter dem Schreibtisch und muß arbeiten, um seine Lücken aufzuforsten. Der Vater ist unerbittlich. „Und wenn er nicht will, muß er eben sitzen, bis er fertig ist. Hans-Peter hat es in der Hand!"

Hans-Peter hat es tatsächlich in der Hand. Er bestimmt, was er will. Die Schule ist die Achillesferse des Vaters. Hans-Peter ist weich. Gegen den Vater kommt er weder verbal noch mit lauter Opposition zum Zuge. Den Ehrgeiz des Vaters teilt er nicht.

Gegen seine Strafen, Entziehung der Freizeit, Beschneidung der Fernsehzeit und unangenehme Hausarbeit, ist Hans-Peter machtlos. Nur mit der Schule kann er den Vater an der empfindlichsten Stelle treffen. Seine Faulheit wird zur Waffe, seine Willensschwäche zur Stärke. Faulheit ist eminente „Willensstärke". Hans-Peter muß eine Reihe Unannehmlichkeiten in Kauf nehmen, um sich gegen den Vater durchzusetzen.

Rudolf Dreikurs schreibt:

„Tatsächlich gibt es so etwas wie Willensstärke gar nicht. In den Begrenzungen einer gegebenen Situation hat jeder Mensch die Macht, zu tun, wofür er sich entscheidet... Es bedarf keiner übergroßen psychologischen Einfühlungskraft, um zu erkennen, daß die sogenannten Schwachen die Unterstützung aller Starken in ihrem Umkreis in Anspruch nehmen. Schwäche ist eine der *stärksten* Waffen der Auflehnung, der Herausforderung und der Inanspruchnahme. Der Schwächling widersteht seinen Gegnern, gleichgültig, wie stark sie sind."[8]

Der Geist ist willig, aber das Fleisch ist schwach

Wenn „das Fleisch" triumphiert hat, wenn die Schwäche des Menschen zutage tritt, wird gern das Wort zitiert: Der Geist ist willig, aber das Fleisch ist schwach.

Wir tun so, als wenn zwei Parteien in uns um die Herrschaft kämpften. Wir unterstellen, daß zwei entgegengesetzte Persönlichkeiten in uns über Sieg oder Niederlage befinden. Seit zweitausend Jahren klammern wir uns zustimmend an diese „Weisheit". Was wollen wir damit *bezwecken*? Und warum kommt dieses Wort unseren verborgenen Zielen entgegen?

Es handelt sich um ein biblisches Zitat aus der Passionsgeschichte Jesu (Matt. 26, 41) und meint im biblischen Zusammenhang etwas anderes, als was wir damit ausdrücken wollen.

Wir leugnen die Verantwortung

Wo liegt die Problematik, wenn Kinder oder Erwachsene diesen Satz zitieren? Menschen sind rückfällig geworden. Sie hatten einen feierlichen Vorsatz gefaßt, sie hatten heldenmütig gegen die

Versuchung gekämpft, und sie sind kämpfend vom „Fleisch" besiegt worden. Sie produzieren einen lebhaften Katzenjammer. Reue und Scham werfen ein gutes Licht auf den Versager. Sie kommen sich klein, häßlich und minderwertig vor und ziehen sich auf diese Weise aus der Affäre. Die *Verantwortung* wird beiseite geschoben. Der Geist hat schließlich ehrlich und redlich gekämpft, aber gegen die Schwäche des Fleisches kam er nicht an. Wir sind entschuldigt. Irrationale Mächte in uns haben die Niederlage ausgehandelt.

Wir *verschanzen* uns hinter Willensstärke oder -schwäche. Das Vorurteil von der Willensstärke bzw. Willensschwäche ist weit verbreitet. Denn gibt es wirklich so etwas wie Willensstärke und Willensschwäche als ursprüngliche Charakterqualitäten, ist der Ausgang eines Seelenkampfes schon auf dem Vorwege entschieden. Die *anlagebedingte* Willensschwäche ist von vorneherein entschuldigt. Gegen eine Willensschwäche ist der Mensch machtlos. Kann er sich stärker machen, als er ist? Hinzu kommt, wer sich als Faulenzer auf seine Charakter*schwäche* beruft, redet sich auch schon heraus. Der Faulenzer oder Neurotiker ist nicht für seine Neurose verantwortlich, aber für seine *Einstellung* zur Neurose. Wer sich als Mensch treiben läßt, *läßt* sich eben treiben. Er verfolgt ein Ziel, er verzichtet auf Personalität und Existentialität. Und für den Willensstarken gilt: er kann keinen moralischen Verdienst für sich in Anspruch nehmen, weil seine Stärke ja vorgegeben ist. Seine Tugend ist Anlage.

Das Ziel der Willensschwäche

Die Individualpsychologie ist am Lebensstil des Menschen interessiert. Sie sieht den Menschen als Ganzes und nicht von Kräften und Mächten zerstritten. Der Charakter eines Menschen ist nichts anderes als der individuelle Ausdruck der personalen Finalität, der Einheit der Persönlichkeit. Die final-analytische Frage lautet: Was will der Faule, der Willensschwache mit seinem Verhalten *bezwecken*, was ist der *Sinn* seiner Einstellung?

Mit Faulheit und Willensschwäche verfolgt das Kind ein klares Ziel. *Alfred Adler* umschreibt es so:

„Am schwersten wird sich der Leser oder der Gegner meiner Anschauungen damit abfinden können, daß selbst Unterwürfigkeit, Knechtsseligkeit, Unselbständigkeit, Faulheit und masochistische Züge deutliche Zeichen eines Minderwertigkeitsgefühles, das Gefühl einer Erleichterung oder gar eines Privilegiums aufkommen lassen. Daß sie Proteste sind gegen eine aktive Lösung der Lebensfragen im Sinne der Gemeinschaft, ist leicht zu verstehen. Ebenso, daß sie trickreiche Versuche darstellen, einer Niederlage zu entgehen, wo Gemeinschaftsgefühl in Anspruch genommen wird, von dem sie, wie aus ihrem ganzen Lebensstil hervorgeht, zu wenig besitzen."[9]

Willensschwäche und Fatalismus

Wir haben gesehen, daß Faule und Willensschwache ein Ziel verfolgen. Sie fliehen vor der Verantwortung. Und was gibt diesen Menschen die Fliehkraft? Es ist der Aberglaube an die Macht des Schicksals – des äußeren wie des inneren: an die Macht der *äußeren* Umstände und der *inneren* Zustände. Die Lehre Freuds kann – wie der Marxismus – als ein legitimes Produkt der Philosophie des 19. Jahrhunderts angesehen werden; sie verkündete, daß in der bisherigen Geschichte der menschliche Geist nicht frei, sondern Sklave der Natur oder der Gesellschaft gewesen sei. Sigmund Freud hat mit dazu beigetragen, daß das Bild des determinierten Menschen entstand, der nicht mehr der *Treibende,* sondern der *Getriebene* ist.

Fatalismus ist Schwarzseherei. Fatalismus ist eine Pechvogel-Ideologie. Am Anfang stand der mangelnde Glaube an sich: Zweifel, Entmutigung und Mißerfolgserwartung. Und was ich erwarte, das geschieht; was ich glaube, das bewahrheitet sich. Der Pechvogel sammelt Beweise für seinen Glauben. Der Faule sammelt Beweise für seine negativen Erwartungen. Er bekommt sie.

Der Begründer der Logo-Therapie, Viktor E. Frankl, bestätigt diese Erwartungshaltung des fatalistischen Willensschwachen, wenn er schreibt: „Aber beim Neurotiker ist es typischerweise ebenso: was er an sich selbst feststellt – auf das legt er sich immer auch schon fest; was er in sich vorfindet – damit findet er sich immer auch schon ab. Spricht er beispielsweise von seiner Willensschwäche, so vergißt er, daß nicht nur gilt: Wo ein Wille ist, da ist auch ein Weg – sondern es gilt mehr als dies, es gilt nämlich auch: *Wo ein Ziel ist, dort ist auch ein Wille.* Sobald jedoch ein Neurotiker von seinen Charakterzügen, überhaupt von seinem

Charakter nur redet, redet er sich auf diesen Charakter schon heraus. Aber wie sollte einer, der sein Schicksal für besiegelt hält, es besiegen können?"[10]

Die Kraft der Erwartungen

Erwartungen sind wahrscheinlich die stärkste Kraft im menschlichen Leben. *Negative* Erwartungen fordern den Mißerfolg und das Dilemma geradezu heraus. Faule sind so von der Nutzlosigkeit jeglicher Anstrengung überzeugt, daß die Kraft ihrer Erwartung das Ergebnis bestimmt. Der Mensch bewegt sich so, daß er scheitern muß, er setzt zur falschen Zeit den falschen Hebel an.

Welche Kraft Erwartungen freisetzen können, machen Versuche mit Placebos, mit Scheinmedikamenten, an Patienten deutlich, die objektiv keine medizinische Wirkung haben können. Erik Blumenthal beschreibt die Versuchsergebnisse:

„Man gab diese Placebos einer größeren Gruppe von Ärzten mit der Weisung, sie ihren Patienten weiterzugeben. Bei einem Großversuch, der an Tausenden von Patienten vorgenommen wurde, stellte sich heraus, daß 2/3 aller Patienten auf Grund dieser Placebos geheilt worden sind. Sie haben erwartet – man kann auch sagen, sie haben geglaubt –, daß es sich um richtige Mittel handelt, die ihnen helfen. Solche Versuche sind schon öfter gemacht worden, aber einer dieser Großversuche wurde zum Doppelblindversuch erweitert.

Man gab im zweiten Teil des Experimentes wieder einer größeren Gruppe von Ärzten diese Placebos, ließ dieses Mal aber die Ärzte selber im Glauben, daß es sich um echte Medikamente handelt. Die Ärzte haben also die Placebos ihren Patienten im guten Glauben gegeben, mit dem Resultat, daß annähernd 90% aller Patienten gesund wurden. Dieses erstaunliche Ergebnis kam dadurch zustande, daß außer dem Glauben der Patienten an die Medikamente im zweiten Teil des Versuches auch der Glaube der Ärzte an die Medikamente hinzukam."[11]

Erwartungen und Befürchtungen sind die stärksten Motivierungskräfte. Wir alle handeln entsprechend unseren Erwartungen. Wer die Erwartungen des Faulen und Willensschwachen ändern kann, kann sein Verhalten verwandeln.

Faulheit oder Bernd spielt den Klassenclown

Bernd ist elf Jahre alt, ein schlechter Schüler, aber gewandt, schlagfertig und immer zu Witzen, Scherzen und dummen Streichen aufgelegt. Er hat noch eine zwei Jahre jüngere Schwester, die sehr ehrgeizig ist, im Haushalt tüchtig hilft. Ein braves Kind, wie es die Eltern charakterisieren. In der Schule leistet die Schwester Überdurchschnittliches. Sie zeigt es aber nicht und verhält sich sehr bescheiden und ruhig. Dem Vater imponiert die Tochter am meisten. Er ist ein wortkarger und bescheidener Mann. Er leitet ein angesehenes Unternehmen und hält sich in der Familie und in der Öffentlichkeit sehr zurück. Er hat hart und verbissen gearbeitet. Seinen Reichtum trägt er nicht zur Schau. Unter einem schlichten Trenchcoatmantel verbirgt er einen kostbaren Pelz als Futter. Der Vater unterbindet die Clownerien des Sohnes, indem er ihn an die Luft setzt, vom Essen aussperrt, in sein Zimmer verbannt und ihn mißachtet. Für ihn sind die Blödeleien und Clownerien Dolchstöße für sein Prestige. Die Mutter ist mit den väterlichen Reaktionen auf den Sohn nicht einverstanden. Beide Eltern ärgert allerdings die Gleichgültigkeit des Sohnes, der mit seinen schlechten Leistungen zufrieden ist. Bernd fällt auf, ragt aus der Klassengemeinschaft heraus. Er ist ein Außenseiter und fühlt sich auch nicht ganz zur Gruppe gehörig. Aber er versteht es, sich in den Mittelpunkt zu rücken. Er wird von den anderen nicht so für voll genommen und ist doch die beliebteste Persönlichkeit der Klasse. Bernd beweist Mut, um bei den anderen anzukommen. Er heftet dem Lehrer einen Zettel auf den Rücken, auf dem steht: „Ich bin ein Kamel." Jedesmal wenn der Lehrer sich zur Tafel dreht, gröhlt die Klasse los. Der Lehrer ist irritiert, der Klassenclown hat ein Spielchen gewonnen. Er produziert Gags zum Lachen, produziert Witze am laufenden Band, die er sammelt und auswendig lernt. Von Woche zu Woche denkt er sich neue Grimassen und

Faxen aus, um seine Kameraden oder Gäste im Hause zum Lachen zu bringen. Er ist sehr intelligent – und das ärgert die Eltern besonders – und hat nur in einem Fach, nämlich Biologie, eine Eins. Bernd möchte einmal Conférencier werden. Die Showmaster im Fernsehen imponieren ihm. Er berauscht sich an ihrer Schlagfertigkeit. Der Vater sagt in seiner kühlen und prägnanten Art nur ein Wort dazu: „Quatsch!"

Analyse der Situation

1. Clownerien und Blödeleien sind *aktiv-destruktive Methoden*. Fast immer steht das Erregen von Aufmerksamkeit im Hintergrund. Clownerie und Blödelei können aber auch zum Kampf um Überlegenheit benutzt werden. Bernd will der Erste sein, er will den Ton angeben – nur nicht mit den Methoden der Schwester, die sich mit dem Vater identifiziert, und den Methoden seines Vaters.

2. Clownerien und Blödeleien, um Aufmerksamkeit zu erreichen, verraten, daß ein Kind *unglücklich* ist. Es glaubt, ohne Aufmerksamkeit keinen Platz in der Familie, in der Klasse und in der Gruppe zu finden. Das Kind *kämpft*, wenn auch mit falschen Waffen.

3. Um gegen die bescheidene und tüchtige Schwester anzukommen, muß Bernd besondere Methoden und Verhaltensweisen entwickeln. Bernd möchte auch beliebt sein. Aber Bescheidenheit und Strebsamkeit sind nicht seine Verhaltensmuster. Mit diesen Eigenschaften hat die Schwester Erfolg. Mit anderen Worten: diese Verhaltensmuster sind vergeben.

Auffallend *ehrgeizige* Kinder neigen dazu, wenn sie in der Schule erfolglos sind, mit außergewöhnlichen Mitteln und merkwürdigen Methoden Aufmerksamkeit zu erregen und sich in den Vordergrund zu spielen. Wo konstruktive Methoden versagen, versuchen sie es mit aktiv-destruktiven.

4. Bernd verschafft sich einen *Ausgleich* für seine mangelhaften schulischen Leistungen. Er setzt sein Mundwerk ein. Mit dem Mundwerk übertrifft er seine Schwester, die Mutter lacht schallend, wenn er seine Witze reißt und Späße produziert. Sie hat einen kühlen Ehepartner, der nicht nur in der Kleidung untertreibt, sondern auch kein Wort zuviel über die Lippen bringt. Was der Vater zuwenig spricht, spricht der Junge zuviel.

Augenscheinlich fühlt sich der Sohn ermutigt und setzt sein destruktives Spielchen fort.

5. Der Sohn trifft den Vater an der empfindlichsten Stelle. Er liebt das Sachliche, die Leistung, die Tat. Der Sohn provoziert mit Unsachlichkeit, mit Faulheit und mit dummem Gerede. Die Selbstbewunderung seiner Sachlichkeit torpediert der Sohn.

6. Ein starker *Konkurrenzkampf* kennzeichnet die Geschwistersituation. Jeder versucht, den anderen herunterzusetzen, um sich selbst zu erhöhen. Heftiger Wettstreit aber hindert die Entwicklung jedes einzelnen Kindes. Kein Kind will der Unterlegene sein. Jedes strebt nach Überlegenheit auf irgendeinem Gebiet. Starke Konkurrenten in der Familie haben daher oft *gegenteilige Charaktereigenschaften,* Fähigkeiten, Interessen und Temperamente.

7. Wie stark die *Entmutigung* des Jungen ist, zeigt seine überdurchschnittliche Leistung auf einem Gebiet, dem Fach Biologie. Viele Eltern und Erzieher übersehen, daß Vorliebe für bestimmte Fächer oft nur eine Folge von Entmutigung in anderen Fächern ist. Auf der anderen Seite bestätigt aber auch die herausragende Leistung in dem Fach Biologie, das er mit besonderem Interesse pflegt, seinen großen Ehrgeiz.

8. Die *Gleichgültigkeit* des Sohnes ist mit ziemlicher Sicherheit gespielt. Der Ärger der Eltern verrät, daß er hier einen Trumpf ausspielen kann. Kinder, die in der Schule versagen, aber über eine gute Intelligenz verfügen und sich auf anderen Gebieten hervortun, sich wichtig fühlen und Status erlangen wollen, sind nur *scheinbar* mit ihren schlechten Leistungen zufrieden. Hinter ihrer Gleichgültigkeit verbirgt sich ihre tiefe Mutlosigkeit, weil sie zu stolz sind, sie zu zeigen.

9. Bernd fühlt sich auch in der Gruppe der Klassenkameraden nicht akzeptiert, nicht zugehörig. Er muß etwas Besonderes leisten, um anerkannt zu werden. Bernd verlegt den Konkurrenzkampf mit seiner Schwester auch in die Schule. Die Leistungsfähigkeit und der Wille zur Zusammenarbeit werden erheblich gestört, wenn die Gruppenzugehörigkeit in Frage gestellt ist.

Was können die Eltern tun?

1. Vater und Mutter müssen dem Jungen zeigen, daß sie ihn gern haben, daß sie ihn lieben. Besonders der Vater hat durch sein

abweisendes Verhalten das Selbstwertgefühl des Jungen erheblich vermindert. Seine Antwort: „Er sieht doch, was er machen *muß*, um meine Zuneigung zu bekommen", ist der falsche Weg. Damit treibt er seinen Sohn stärker in die Entmutigung und damit in eine Außenseiterposition, und zwar in der Schule und zu Hause. Warum haßt der Vater das Geschwätz des Sohnes, seine dummen – oft auch witzigen und humorigen Bemerkungen? Will er den Sohn zum Abbild seiner selbst machen? Die Psychagogin Christa Meves hebt einen Aspekt, der für die Entwicklung der Clownerie bezeichnend ist, hervor, wenn sie schreibt: „Der Mangel an Anerkennung führt häufig dazu, daß das Kind an seinen eigenen Wert nicht glaubt, so daß es den Wegweiser für seine Handlungen nicht aus sich selbst, sondern durch Nachahmung der Haltung anderer beziehen muß... deshalb ist das Thema: Wie verschaffe ich mir Anerkennung?, ohne daß es ihnen selber bewußt wäre, so drängend in diesen Menschen. Mit Geltungssucht, Clownerie und Großmannssucht versuchen sie ihr Ziel noch zu erreichen, bei gleichzeitiger, kaum überwindbarer Angst, daß sie sich an einen Menschen ausliefern könnten. Diese Entwicklungslinie nimmt bei den Kindern, die in dieser Weise geschädigt sind, einen zwingenden Charakter an, so daß es ihnen nicht gelingt, ihr Handeln nach eigenem Plan und zielbewußter Initiative einzurichten, und die Möglichkeit, durch konzentrierte Arbeit Anerkennung zu erreichen, auch nur ins Auge fassen können."[12]

2. Der Vater muß dem Jungen zugestehen, auf seine Weise und mit seinen Gaben Erfolg zu haben. Solange er seinen Karriere-Weg in den Jungen hineinprojiziert, kann er nicht helfen. Der Gegenzwang ist das Ergebnis eines unbewußten Machtkampfes. Wenn es dem Vater gelingt, die Überzeugung aufzugeben, daß nur ein vom Verstand regierter, sachlicher, kühler und distanzierter Mensch wertvoll ist, kann er auch seinen Sohn akzeptieren und gleichzeitig die Enttäuschungen seiner Frau über ihn herunterschrauben. Der Vater muß erkennen, daß in der Überbewertung seiner eigenen Charaktereigenschaften unbewußt eine Abwertung der Charaktereigenschaften seiner übrigen Familienangehörigen enthalten ist.

3. Den Vater ärgert besonders der Berufswunsch des Sohnes, er möchte Conférencier werden. Je mehr der Vater dagegen *ankämpft*, desto mehr wird der Sohn von der Richtigkeit seiner Entscheidung überzeugt sein.

4. Die Mutter wird ihre Frustration gegenüber dem Ehepartner überprüfen müssen. Denn mit der Erziehungsproblematik ist eng ein Ehekonflikt verknüpft. Was der Vater am Sohn kritisiert, kritisiert er gleichzeitig an seiner Frau. Verstärkt er den Kampf gegen den Sohn, erhöht er gleichzeitig die Spannung in seiner Ehe. Die Mutter hat Aggressionen gegen den wortkargen, stillen und nüchternen Mann. Sie liebt das Ausgelassene, Fröhliche und Spritzige. In ihrem Sohn findet sie ein Stück davon wieder. Es ist kein Zweifel, daß sich der Sohn durch die Mutter in seinem Verhalten unbewußt bestätigt fühlt. Das Gefährliche an der Konstellation ist, daß sich eine unausgesprochene Verschwörung der Mutter mit dem Sohn gegen den Vater gebildet hat. Wenn Vater und Mutter die zum Teil positiven und von der Gesellschaft bejahten Charakterzüge akzeptieren, wird der Junge sein übertriebenes Geltungsbedürfnis abbauen können.

5. Will der Vater wirklich helfen oder sein angegriffenes Prestige retten? Die Grundlage der Ermutigung ist das *ehrliche Verlangen*, helfen zu wollen, ist die dahinterstehende Aufrichtigkeit. Beherrschte Kälte und zornige Temperamentsausbrüche sind *nicht* das Verwerfliche, sondern der dahinterstehende Zweck. Reagiert der Vater beleidigt und verletzt, will er nicht helfen. Er will strafen und Revanche üben. Hier liegt eine der Hauptwurzeln des Machtkampfes zwischen Vater und Sohn.

6. Beide Eltern sollten Bernd zeigen, daß sie *Vertrauen* zu ihm haben. Ihr Unglaube an seine Fähigkeiten bewirkt, daß Bernd kein Selbstvertrauen entwickelt. Vater und Mutter müssen mit ihrer ganzen Person dahinterstehen, wenn sie dem Kind sagen: „Wir wissen, daß du es schaffst!" Die *Wertschätzung* des Jungen durch Eltern und Erzieher ist ein wesentliches Erziehungsmoment. Über die Wertschätzung schreibt Professor Tausch in einem seiner Bücher: „Erfahrene Wertschätzung vermindert die Verteidigungs- und Oppositionshaltung von Menschen sowie ihre Bemühungen um besondere Geltung und Zuwendung. Sie fördert in gewissem Ausmaß die Selbstachtung und das Selbstvertrauen einer Person. Damit sind Möglichkeiten für ein geringeres Ausmaß innerer Spannungen, vermehrtes Ausmaß der Akzeptierung der eigenen Person, für eine verzerrungsfreiere Wahrnehmung sowie für vermehrte Akzeptierung anderer Personen gegeben... Erfahren Kinder oder Jugendliche Wertschätzung, so werden sie sich eher bemühen, sich so zu ver-

halten, wie es der vom Erwachsenen zum Ausdruck gebrachten Wertschätzung ihrer Person entspricht."[13]

7. Bernds Gruppenzugehörigkeit ist speziell eine Frage an die Lehrer. Solange Bernds negatives Verhalten bestraft wird, behält er destruktive Methoden bei. Lehrer, die die geheimen Ziele des Jungen erkannt haben, werden die Chance ausnutzen, bestimmte Gaben des Jungen zu fördern. In dem Augenblick, wo er mit Sonderaufgaben betraut wird, die sein Prestige stärken, fühlt er sich akzeptiert, wird er von seinen Klassenkameraden anerkannt und kann auf seine schlechten Verhaltensweisen verzichten.

8. Es hilft nicht, dem Clown das Verhalten *zu verbieten* oder ein besseres Verhalten *anzuraten*. Sein Mut muß so gesteigert werden, daß er sich ohne Maske zeigen kann, wie er ist, um besser in der Gemeinschaft integriert zu werden. Solange er seine Tricks und Späße benutzt, um sich beliebt zu machen, um anzukommen, um zu gelten, findet er zwar augenblickliche Beachtung, aber keine bleibende Gemeinschaft.

Motivation als Lernmotor

Erzieher, die die Faulheit ihrer Kinder beklagen, stöhnen gleichzeitig über mangelnde Motivation ihrer Zöglinge. Welche Rolle spielt die Motivation im Rahmen der Leistungsstörung?

Der Schulerfolg und die geistige Leistung eines Kindes setzen sich aus drei Hauptfaktoren zusammen:

– den *Fähigkeiten* oder der Intelligenz. Entscheidend ist aber, daß Intelligenz allein zum Erfolg nicht ausreicht;
– den *Methoden*, also der Art und Weise, wie die Aufgaben angepackt, geplant und durchgeführt werden;
– den *Motivationen*, von denen im folgenden eingehend die Rede sein soll.

Der Begriff Motivation taucht heute im Sprachgebrauch immer häufiger auf. Motivation meint die *Lernbereitschaft* und *Lernfreudigkeit*. Motivation ist der Motor zum Lernen. Im weitesten Sinne umschreiben wir mit Motivation: Interesse, Freude, Lernwille und Angesprochensein. Gegenüber dem Tier liegen die Antriebskräfte beim Lernen stärker in geistigen Begriffen und nicht in vitalen Urbedürfnissen. Verhaltensforscher brachten Ratten, Mäuse und Katzen sowie Affen zum Lernen, indem sie die starken biologischen Triebe und Bedürfnisse, wie Hunger, Durst und Begattungstrieb, als Motor benutzten. Welche Motivationen spielen nun beim Kind eine Rolle?

Was fördert die Motivation?

1. Wenn der Schüler erkennt, daß die zu lernenden Aufgaben für seine Existenz *notwendig* und für sein Weiterkommen *nützlich* sind. Er muß eine geistige Bereicherung spüren, sein Selbstwertgefühl, seine persönliche Sicherheit müssen wachsen. Dazu ist erforderlich, daß er mitreden und mitentscheiden kann.

2. Die geschickte Anleitung zum *Selbsterarbeiten, Selbstfinden* und *Selbstausführen* ist für die Motivation des Kindes von Bedeutung. Untersuchungen haben ergeben, daß

80% von dem, was einer *gehört* hat,

70% von dem, was einer *gesehen* hat,

50% von dem, was einer *gehört* und *gesehen* hat,

10% von dem, was einer *selbst ausgeführt* hat,

vergessen wird. Aufgaben, die das Kind mit eigener Kraft gelöst, und Probleme, in die es sich hineinvertieft hat, bleiben haften. Gelingt es den Eltern und Erziehern, Kinder zu bewegen, sich mit Neugierde und detektivischem Spürsinn an Aufgaben heranzumachen, ist der Lernerfolg am größten, aber auch die Chance, das Gelernte wirklich zu behalten.

3. Aufgaben, die sich das Kind *selbst stellt*, motivieren besser. Statt auf Geheiß des Lehrers oder auf Druck der Eltern Aufgaben zu wiederholen, kann das Kind sich eigene Teilziele und Fristen setzen. Es nimmt sich beispielsweise vor, bis zu einem bestimmten Termin ein Kapitel zu beherrschen, sich eine Anzahl Vokabeln anzueignen. Sehr oft haben Eltern hohe Ziele vor Augen, die das Kind ablehnt und die die Initiative lähmen. Selbstgewählte Etappenziele geben dem Kind Richtlinien und Sinn – wenn sie erreicht werden –, Erfolgserlebnisse. Und Erfolgserlebnisse stacheln erneut die Lernmotivation an.

4. Nur *glückliche* Kinder können sich geistig entfalten. Begabung ist oft eine Frage des individuellen Glücks, der Zufriedenheit und des seelischen Wohlbefindens. Seelischer Druck und Unzufriedenheit blockieren die Motivation.

Wolfgang Metzger schreibt dazu:

„Denn nur ein glückliches Kind kann seine Begabung entfalten. Es braucht dazu spürbare Liebe, Zärtlichkeit und Zuspruch... Erst auf dieser Grundlage der Lebenssicherheit können die vielen Möglichkeiten, die in ihm angelegt sind, zur vollen Entfaltung kommen."[14]

5. Beachten Sie das *Lerntempo* ihres Kindes. Ernst Kretschmer und seine Schüler führten Experimente durch, um das Verhalten der Typen in verschiedenen Lebensbereichen zu beobachten. Unter anderem untersuchten sie das *psychomotorische Tempo*. Gemeint sind das Tempo und der Rhythmus der Bewegung, die einem Menschen am angenehmsten sind. Ganz klar ergibt sich, daß das Eigentempo des Leptosomen, also des schlanken, mittelgroßen, manchmal mageren und schmalen Menschen,

wesentlich rascher ist als das des Athletikers, des kräftigen und großen, mit ausladenden Schultern versehenen Menschen. Bei Klopfversuchen war der Pykniker, der mittelgroße, rundliche, durch Breiten- und Dicken-Wachstum gekennzeichnete, am langsamsten. Der Leptosome war mehr als doppelt so schnell. Selbstverständlich ist nach Alter, Interesse, Temperament, Erkenntnis und Übung das Lerntempo des einzelnen Kindes verschieden. Kritiksucht, Druck, Angst und Überforderung können das Tempo erheblich hemmen. Die Lernleistung ist am höchsten, wenn jeder Schüler in dem ihm gemäßen Tempo lernt.

6. Eine sofortige *Erfolgsbestätigung* führt zur Lernverstärkung. Hans gilt in der Familie als Faulpelz. Zwischen Vater und Sohn herrscht daher ständig Krisenstimmung. Hans hat das ganze Wochenende dazu benutzt, sein Physik-Arbeitsheft zu überholen. Hans steht in Physik mangelhaft. Der Lehrer hat aber dem Kinde versprochen, die Note anzuheben, wenn es durch Zeichnungen, schriftliche Aufzeichnungen und Ausarbeitungen sich mit bestimmten Themen auseinandersetzt. Stolz zeigt Hans dem Vater die Mappe: „Das ganze Wochenende habe ich an der Physikmappe gesessen. Ich hoffe bestimmt, ich kriege noch ausreichend."

Vater: „‚Zusammenfallen' wird in einem Wort geschrieben. Deine deutsche Sprache ist für dich immer noch eine Fremdsprache!" Das ist keine Erfolgsbestätigung, das ist massive Kritik. Das ist keine Lernverstärkung, sondern mit Sicherheit eine Lernminderung. Das ist keine Selbstwertsteigerung, sondern eine Selbstwertminderung. Das ist keine Ermutigung, das ist Entmutigung. Können Sie sich vorstellen, daß Hans noch einmal ein Wochenende dazu benutzt, um seine Noten aufzubessern? Nichts wirkt erfolgreicher als der Erfolg. Der Erfolg stärkt das Selbstgefühl. Das Selbstwertgefühl ist der innere Seismograph unserer seelischen Gesundheit. Alle verhaltens- und charaktergestörten Menschen, alle Neurotiker sind in ihrem Selbstwertgefühl gestört. Die Beeinträchtigung im Selbstwertbereich schreitet von begrenzten Minderwertigkeitsgefühlen über die Selbstwertkrise bis zur umfassenden Entmutigung fort. Dem stufenweisen Abbau des Selbstwertes entspricht eine zunehmende Existenzeinschränkung.

Schlechte Beurteilungen, negative Kritik, pessimistische Befürchtungen, negative Erwartungen, Zweifel am Erfolg sind

Treppenstufen zur Leistungsminderung. Jede Bestätigung und Ermutigung steigern die Erfolgsfreude und führen zur Erhöhung des Anspruchsniveaus. Der Lernende verstärkt sein Lernverhalten und steigert seinen Lerneifer.

7. Soll ein Kind mit dem Lernstoff in *engeren* Kontakt kommen, müssen die *positiven* Bedingungen und Folgeerscheinungen gefördert werden. Denn: „Kinder lernen die Dinge zu umgehen, mit denen sie geschlagen werden."

Was sind positive Praktiken, um die Motivation zu verbessern, um beim Kind Erfolgserlebnisse zu iniziieren? Es sind – allgemein gesagt – Bedingungen und Folgeerscheinungen, die die Selbstachtung verstärken, zu einem verbesserten Selbstbild führen und das Selbstvertrauen steigern. Zum Beispiel: Wenn Eltern mit Kindern Aufgaben üben, werden *alle* Antworten, ob sie richtig oder falsch sind, freundlich akzeptiert und nicht mit abweisenden Bemerkungen quittiert. So etwa sollten Eltern mit ihren Kindern reden:

„Die Lösung ist nicht richtig, versuche es noch einmal!"

„Du kommst der Sache schon näher!"

„Ja, du bist nahe dran."

„Du hast den Aufbau gut im Griff, nur ein Rechenfehler am Schluß!"

„Es geht schon wesentlich besser."

Was hindert die Motivation?

1. Die Motivation wird eingeschränkt, wenn Furcht und Angst durch Drohen in verschiedener Form entfacht werden. Wie sehen solche Drohungen aus?

– Wenn Eltern und Erzieher den Kindern zu verstehen geben, daß ihre Anstrengungen keine Aussicht auf Erfolg haben;

– wenn Eltern und Erzieher dem Kind sagen: „Du wirst das zwar niemals begreifen, aber...";

– wenn Eltern und Erzieher dem Kind sagen: „Wenn du kein Interesse hast, laß es bleiben, dann wirst du eben Hilfsarbeiter";

– wenn Eltern und Erzieher dem Kind sagen: „Du verstehst so viel von Mathematik wie die Kuh vom Sonntag. Du hast Glück, wenn du die Hauptschule ohne Sitzenbleiben schaffst";

– wenn Eltern und Erzieher dem Kind sagen; „Bis zu den Zeugnissen sehen wir uns die Schlamperei noch an, dann gehst du zurück auf die Hauptschule!"

2. Die Lernmotivation wird eingeschränkt, wenn Kinder nicht über den Zeitraum des gemeinsamen Übens mitentscheiden dürfen. Auch falsche Reaktionen sind:

„Heute abend gibt es kein Fernsehen, da wird erst mal geübt!"

„Ein geruhsames Wochenende ist für dich gestrichen, da wird Latein gepaukt!"

„Mit Faulenzen kommt man im Leben nicht weiter. Jeden Abend wird in dieser Woche geübt, da kannst du zeigen, ob du überhaupt Interesse an der höheren Schule hast!"

Das Üben wird zur Strafe. Die Eltern reagieren ihren Unmut an den Kindern ab. Das Interesse an der Arbeit wird schon auf dem Vorwege untergraben. Und wie können Eltern mit Kindern sprechen?

„Ich habe heute abend eine Stunde für dich Zeit, sollten wir uns gemeinsam die englischen Vokabeln vorknöpfen?"

„Die letzte Arbeit zeigt einige Mängel in Grammatik. Sollen wir beide die Arbeit noch mal durchgehen?"

„Für das gemeinsame Üben wollen wir uns etwas Zeit nehmen. Was schlägst du vor, wie lange wir zusammensitzen?"

3. Die Lernmotivation wird gehemmt, wenn Eltern wiederholt die Meinung des Kindes nicht akzeptieren und respektieren. Viele Erzieher kehren unbewußt ihre *Überheblichkeit* heraus, wenn sie die Meinung der Kinder ignorieren, lächerlich machen oder bewerten. Der Vater sagt: „Was du über den ‚Paragraphen 218' schwätzt, kennzeichnet mal wieder deinen jugendlichen Unverstand."

Warum kann der Vater nicht sagen:

„Das ist sehr interessant, deine Meinung über Abtreibung zu hören. Du hast dir Gedanken gemacht, kannst du Näheres darüber sagen?"

„Du beziehst sehr konsequent eine Gegenposition. Mich interessiert, wie du sie begründest."

4. Die Lernmotivation wird eingeschränkt, wenn die *Neugier* des Kindes gehemmt wird. Der ursprünglichste und wichtigste Grund der Lernmotivation ist Neugier. Das Kind will die Welt kennenlernen, will alles *begreifen* – und zwar in jeder Beziehung. Von daher sind seine Tage erfüllt mit

– Forschungen,

- Entdeckungen,
- endlosen Fragereien.

Die Neugier des Kindes bedeutet, daß es nicht träge, faul und von Geburt an desinteressiert ist. Durch Überforderung, negative Einstellung zur Arbeit und Druck können wir allerdings die anlagebedingte Neugier unterhöhlen. Und dieser Abnutzungsprozeß des Neugierverhaltens setzt in der Regel schon sehr früh ein. Wodurch kann die Neugier untergraben werden?

- Durch Überfütterung.

  Das Kind wird mit Wissen vollgestopft, weil Eltern angelerntes Wissen mit Intelligenz verwechseln;
- durch Überforderung.

  Die Eltern wollen ein Musterkind heranbilden. Sie wollen – zweifellos in guter Absicht – das Beste aus dem Kind herausholen;
- durch unsachgemäße Leistungssteigerung.

  Das Kind soll schon mit acht Jahren komplizierte Geschichten lesen und verstehen können. Lesen ist anregend und interessant. Wäre es nicht so, würden nicht jedes Jahr Millionen von Büchern gekauft und gelesen;
- durch Ablehnung der kindlichen Fragen.

  Antworten auf Fragen zu finden ist beglückend. Das Kind will Erfahrungen sammeln und weiterkommen. Es will groß werden und mithalten können.

Faulheit und übersteigerte
Gewissenhaftigkeit

Wer besonders gewissenhaft ist, kann doch nicht faul und vertrödelt sein – sollte man meinen. Die Faulheit ist aber eine Arbeitsstörung und kann mit zwanghaftem Perfektionismus Hand
in Hand gehen.

Wie hängen Faulheit und Perfektionismus zusammen?

Werner ist jüngstes Kind und einziger Sohn unter drei Mädchen. Er geht seit zwei Jahren zum Gymnasium und bringt im
Zwischenzeugnis drei Fünfen mit nach Hause. Die Mädchen sind
lebhaft, nach außen gekehrt, großzügig und bei allen Spielkame-
raden beliebt. Die Eltern sind gläubige Leute einer Freikirche
und legen auf Ordnung, innere Sauberkeit, Gewissenhaftigkeit
und Ehrlichkeit großen Wert. Die Mutter ist über jeden Fehler
entsetzt, über jede Unvollkommenheit traurig. Ihr Bestreben ist,
immer vollkommener, sündenloser und tadelloser zu werden.
Die Töchter sind alle drei moralisch salopp, nicht besonders ord-
nungsliebend, aber bringen aus der Schule gute Noten mit
nach Hause. Die Eltern sind zwar mit den schulischen Leistungen der Mädchen zufrieden, geben aber deutlich zu erkennen,
daß ihnen die lasche, innerliche Ausrichtung Kummer
bereitet.

Werner gleicht diesen Kummer aus. Er ist nicht nur gewissenhaft, er leistet auf diesem Gebiet Überdurchschnittliches. Aber
er zweifelt, ob er je ein guter Mensch sein wird. Allen Entscheidungen weicht er aus, er will keinen Fehler machen. Wenn er
Gedichte aufsagen soll, bekommt er plötzlich keinen Ton heraus.
Im Mündlichen ist er nach Meinung der Lehrer noch schlechter
als im Schriftlichen. Schon bevor er zur Schule mußte, prangerte
er jede Unregelmäßigkeit seiner drei Schwestern an. Er paßte auf
wie ein Schießhund, wenn sie was angestellt hatten oder es mit
der Wahrheit nicht genau nahmen. Er konnte sich laut und deutlich entsetzen und nahm sein eigenes Verhalten scharf unter die

Lupe. Er sagte etwa: „Ich wollte euch eben anlügen, ich schäme mich so!"

Oder: „Mutter, ich habe das ganze Taschengeld für die armen Kinder in Indien abgegeben!" (Bei der Sammlung in der Sonntagsschule).

Oder: „Edith (seine Schwester) hat im Geschäft zu einem Mädchen ‚du Sau' gesagt, ich habe den ganzen Weg geweint."

Als einziger Sohn verschaffte er sich mit dieser übertriebenen Gewissenhaftigkeit eine Sonderstellung bei den Eltern. Sie waren stolz und glücklich und sagten das auch unmißverständlich ihrem Sohn. Der Vater ließ durchblicken, daß der Sohn bestimmt mal Pastor würde. Als Werner zur Schule kam, konnte er mit dieser dramatisierten Gewissenhaftigkeit nirgendwo landen. Die Lehrer hatten wenig Verständnis dafür, kritisierten seine Übergenauigkeit und schnitten ihm das Wort ab, wenn er „petzte", was er liebend gern tat.

Übersteigerte Gewissenhaftigkeit und ihre Folgen

Langsam aber sicher wird die übersteigerte Gewissenhaftigkeit zur Flucht vor den Schulaufgaben benutzt:

– Werner ordnet stundenlang seine Bücher und Hefte, kauft Umschlagpapier und verpackt alles sorgfältig und sauber;

– sein Kinderzimmer ist ein Musterzimmer. Seine Eltern haben es den Mädchen immer wieder zur Nachahmung empfohlen;

– er schreibt gern und wird auch dafür gelobt. Sogar in der Schule. Aber er braucht viel Zeit, die kleinsten Fehler läßt er nicht gelten. Er reißt die Seiten heraus und schreibt neu. Bei schriftlichen Arbeiten in der Schule will er durch Sauberkeit und Gewissenhaftigkeit imponieren. Er verliert die Übersicht und schreibt die Arbeiten daneben;

– er hat einen Flecken in der Hose. Mit Eifer geht er daran, die Stelle zu beseitigen. Mit Spucke, mit Kaffee, mit Wasser, mit Alkohol. Alles probiert er aus. Eine lobenswerte Tat? Von 13 bis 16 Uhr hat er damit wertvolle Zeit *vertrödelt*. Die Schulaufgaben bleiben liegen. Er hat eine plausible Entschuldigung: „Ich *mußte* die Hose säubern. Mit dem Flecken kann ich nicht rumlaufen. Wenn ich auf den Flecken schaue, kann ich mich nicht konzentrieren. Flecken machen mich wahnsinnig!"

Eine Nachbarin sagt: „Ein beneidenswert sauberer Junge. Wenn ich dagegen unsere Kinder anschaue..." Die Mutter nickt beglückt. Werner steht daneben und genießt das Lob.

- Er hat seinen Vierfarbenstift verloren. Das passiert ihm bei seiner Ordnungsliebe. Er stellt die Wohnung auf den Kopf. Ein Tag ist vertan. Er sitzt am Abendbrottisch und hat keine Zeile für die Schule geschrieben.
- Seine Übergenauigkeit und die damit verbundene Langsamkeit bewahren ihn vor Aufgaben und Pflichten im Rahmen der Familie. Die Mutter macht lieber alles selbst, weil sie weiß, wie lange Werner daran sitzt.
- Werner erlebt, daß jedes Abweichen von der Norm Liebesverlust der Mutter nach sich zieht. Von früh an hat er ein hohes Maß an Selbstkontrolle eingeübt. Er paßt auf sich auf, er beobachtet sich und verliert seine natürliche Unbefangenheit, redet altklug und schränkt seine Impulsivität und Spontaneität erheblich ein.
- Der Zweifel spielt in seinem Leben eine entscheidende Rolle.
« „Darf ich das tun, darf ich es nicht tun?" „Soll ich, oder soll ich nicht?" Dieser Zweifel macht den zwanghaften Werner zögernd, zaudernd, unentschlossen und unspontan. Schon als Kleinkind hat Werner den Ur-Zweifel erlebt: Darf ich ich selbst sein, oder muß ich gehorchen und auf meine eigenen Impulse verzichten?
- Pedantische Ordnungsliebe und Prinzipienreiterei lassen Werner intolerant und übergesetzlich erscheinen. Er haßt die Unordnung, die Gesetzesübertretung, die Regellosigkeit und Laxheit. Er zeigt fanatische und unduldsame Züge. Er klammert sich an Gesetze und Spitzfindigkeiten und versäumt das Leben. Er wird zum Sklaven seiner eisernen Prinzipien.
- Werner hat den Eindruck, er darf sich nicht frei äußern, um keinen Fehler zu machen. Er möchte nicht verurteilt werden, etwas unvollkommen dargeboten zu haben. Werner gerät in einen Teufelskreis: weil er vor einer bestimmten Tätigkeit Angst hat, wagt er sich nicht an sie heran. Weil er sich nicht heranwagt, wird er immer weniger fähig, sie auszuführen. Angst und Unruhe werden größer, der Mißerfolg sicherer.

Das Ziel der *Vollkommenheit* strebt jeder Mensch an, ob er will oder nicht. Perfektion und Perfektionismus sind aber vom Streben nach Vollkommenheit genau zu unterscheiden. Perfektion meint Vollendung. Und Perfektionismus ist die *Sucht*, alles um jeden Preis mit einem Grad der Vollkommenheit anzustreben, der Irrtümer und Fehler ausschließt, sowohl bei Menschen als auch bei Maschinen, bei Aufgaben und Vorhaben. Perfektion meint, auf Menschen angewandt, den Zustand des höchsten erreichbaren Punktes einer guten Ausbildung oder einer Fertigkeit. Perfektion meint Hundertprozentigkeit. Der Perfektionist strebt das Absolute an, aber das Absolute ist nur Gott zugehörig. Ein Zimmer völlig „staubfrei" zu halten ist eine wahnsinnige Sisyphusarbeit. Der Perfektionist will fehlerlos sein. Damit greift er nach einer Eigenschaft, die nur Gott sich vorbehalten hat. Der amerikanische Präsident Ford sagte anläßlich seiner Antrittsrede: „Ich habe Ihnen einmal gesagt, daß ich kein Heiliger bin, und ich hoffe, daß ich niemals den Tag erleben muß, an dem ich nicht zugeben kann, einen Fehler gemacht zu haben."[15]

Wenn sich der amerikanische Präsident „den Mut zur Unvollkommenheit" eingesteht, warum nicht auch alle Eltern und Erzieher?

Um jedes Mißverständnis zu vermeiden: Ordnungsliebe, Korrektheit, selbst eine milde Pedanterie, die Identifizierung mit einer gestellten Aufgabe, verbunden mit Ausdauer, Flexibilität, Durchsetzungsvermögen, Überblick und Offenheit für neue Problemlösungen sind erforderliche Eigenschaften eines stabilen Charakters. Gerade aber über diese Eigenschaften verfügt der Perfektionist nicht, weil seine Motivation von einem zwanghaften Ehrgeiz bestimmt wird. Schematische Ordnungsprinzipien, zeitraubende und ängstliche Überkorrektheit, die Identifizierung mit dem angestrebten persönlichen Erfolg liegen seinem Streben zugrunde. Von daher ist er empfindlich gegen Kritik und übermäßig kränkbar. Seine Angst vor Mißerfolgen läßt ihn immer perfekter werden. Vollkommenheit ist ein unerreichtes, aber richtungsweisendes Ziel. Wer hundertprozentig vollkommen sein will, ist zu keiner Entscheidung mehr fähig. Er muß ja hundertprozentig alles abwägen, er muß jeden Fehler vermeiden, jeden Irrtum vorausberechnen, jeden Mißerfolg abwehren. Was soll er tun, was kann er tun? Er kann nur noch seine Hände in den Schoß legen und faulenzen. Denn wer schläft, der sündigt nicht, wer faul ist, macht keinen Fehler.

Wie können Eltern dem Kind helfen?

– Nicht ständig antreiben, ermahnen und drohen. Moralische Appelle, schneller zu arbeiten, sich mehr anzustrengen, und vor allem Drohungen vergrößern die Feindseligkeit des Kindes gegen die Eltern und verstärken die sinnlosen Tätigkeiten;

– nicht mehr die übertriebene Gewissenhaftigkeit vor den Geschwistern, vor den Bekannten und Verwandten hervorheben. Schon gar nicht in Gegenwart des Kindes. Der Junge muß sich ja bestätigt fühlen, wenn sein Verhalten als gute christliche Lebenshaltung gelobt wird;

– nicht mehr den stark übertriebenen Gewissensregungen besondere Beachtung schenken, da die moralische Überlegenheit des Jungen über andere verstärkt wird. Die Folge kann ein penetranter Pharisäismus sein, der abstößt;

– nicht mehr Übergenauigkeit und Langsamkeit als *anlagebedingte* Schwächen entschuldigen. Werner darf nicht von Aufgaben und Pflichten entbunden werden, sondern übernimmt notwendige Dienste – ohne Antreiben, ohne Geschimpfe und ohne Kritik –, bis er fertig ist. Er muß ohne Vorwürfe spüren, daß seine Verhaltenstechniken als *Waffe* unbrauchbar sind, und allmählich konstruktive Alternativen aussuchen, die von den Eltern entsprechend bestätigt werden;

– nicht mehr die Gaben und moralischen Qualitäten gegenüber anderen ausspielen. Werner muß die Befriedigung seines Beitrages spüren. Solange es ihm darauf ankommt, seinen Geschwistern moralisch überlegen zu sein, wird er schulisch scheitern. Solange Werner mit seinen Geschwistern in einem *Konkurrenzkampf* lebt, wird er seine zwanghafte Gewissenhaftigkeit und die damit verbundene Arbeitsstörung verstärken. Er glaubt, Eltern und Geschwistern imponieren zu müssen, um einen Platz in der Familie zu finden;

– nicht auf Fehler aufmerksam machen und Fehler betonen. Wenn wir den Fehlern Aufmerksamkeit schenken, entmutigen wir unsere Kinder. Die Betonung des Negativen untergräbt die Widerstandskraft, positive Leistungen zu erzielen. Wer eintrainiert, sich vor Fehlern zu fürchten, kommt über kurz oder lang dazu, gar nichts mehr zu tun;

- nicht mehr die Langsamkeit und zwanghafte Ordentlichkeit im schulischen Bereich *kritisieren*, sondern jeden positiven Ansatz, schneller zu schreiben und sachgerechter zu arbeiten, verstärken und ermutigen;

- nicht mehr zu dem Kind sagen: „Du brauchst nicht vollkommen zu sein." Solche Sätze werden nur die Überzeugung des Kindes bestärken, daß es vollkommen sein *muß*. Die Eltern müssen ihr Verhalten und ihren Lebensstil überprüfen. Was sie *sagen* und was sie *tun*, steht im Widerspruch. Die Eltern müssen es dem Kind *vorleben*, daß sie unvollkommen sind, Fehler machen und Fehler eingestehen.

Werner hat sich mit seinem Verhalten in eine Sonderrolle hineinmanövriert. Die Sonderrolle hat ihn aber auch zum Außenseiter gestempelt. Sein auffälliges Benehmen wirkt auf Gleichaltrige abstoßend und gemeinschaftsfeindlich. Werner wird als überheblich und arrogant empfunden. Er selbst *flieht* in sinnlose, unsachliche Geschäftigkeit, vertrödelt seine Zeit, drückt sich unbewußt vor wichtigen Lebensaufgaben und verliert den Anschluß an die Gemeinschaft.

Faulheit oder Konzentration mangelhaft

Die Statistik ist bedrückend: Jedes fünfte Kind zwischen sieben und zehn Jahren ist deutlich verhaltensgestört. Weitere 30% zeigen mäßige, aber immer noch auffällige Störungen. Mit an der Spitze steht das Symptom „Konzentrationsschwäche bei gleichzeitiger Überaktivität".

Das gestörte Spielverhalten

Die Unfähigkeit zur Konzentration zeigt sich schon sehr früh, aber viele Eltern neigen dazu, das Symptom zu verniedlichen oder zu übersehen. Ein unübersehbares Warnsymptom für Konzentrationsschwäche des Kindes zeigt sich im gestörten Spielverhalten. Das Kind kann sich nicht ausdauernd und sinnvoll *allein* beschäftigen. Viele Eltern halten ihre Kinder für Spätentwickler. In der Schule machen sie die Lehrer, die Größe der Klasse und einen *angeborenen* Konzentrationsmangel für Schwierigkeiten der Kinder verantwortlich. Fest steht, daß in den seltensten Fällen ein angeborener Charakterfehler für Konzentrationsschwäche verantwortlich ist.

Hirnorganische Störungen

Professor Dr. Reinhard Lempp und seine Mitarbeiter untersuchten 124 Kinder, die trotz normaler Begabung in der Schule versagten. Das Ergebnis: Bei einem Drittel lag die Ursache der Störung in der Familie. Bei einem weiteren Drittel wurde eine sogenannte „organische Teilleistungsstörung" diagnostiziert, die von einer leichtgradigen, frühkindlichen Hirnschädigung herrührte. Beim Rest diagnostizierten die Ärzte sowohl hirnorganische Störungen als auch gestörte familiäre Beziehungen. Bei der Hirnschädigung handelt es sich meist um einen winzigen Defekt, der bei Komplikationen in der Schwangerschaft oder während der Geburt entstehen kann. Solche Kinder sind zwar völlig gesund, sind jedoch nicht in der Lage, bestimmte äußere Reize – zum Beispiel Bilder und Geräusche – normal zu verarbeiten. Dieser Umstand wird zur eigentlichen Ursache der Konzentrationsschwäche: Das Kind kann wichtige und unwichtige Reize nicht unterscheiden und auswählen. Es fliegt auf jedes Geräusch, arbeitet unkorrekt und ordnet falsch ein. Eltern und andere Kameraden bezeichnen diese Kinder als „zerfahren, dumm, schusselig und zappelig". Es empfiehlt sich immer, einen erfahrenen Kinderarzt zu Rate zu ziehen, der unter Umständen eine heilpädagogische Behandlung verordnen kann.

Konzentrationsmangel oder Sachlichkeit kontra Ichhaftigkeit

Beobachten wir einmal ein Kind beim Spiel. Es beschäftigt sich intensiv mit Bauklötzen, Legosteinen oder Puppen. Es ist völlig auf das Spiel konzentriert. Wir beobachten eine *sachliche* Hingabe an das Spiel. Mit Ernst und Aufmerksamkeit, Wachheit und Lebendigkeit spielt das Kind.

Wann wird das Spiel ichhaft und damit unkonzentriert?

– Wenn das Kind sich beobachtet fühlt. Es fühlt sich irritiert und abgelenkt;
– wenn es Lob ernten will. Alle Bewegungen und Überlegungen werden ichhaft. Es spielt nicht mehr hingegeben, sondern mit Berechnung. Es ist nicht mehr gelöst, sondern gespannt;
– wenn es Tadel fürchten muß. Es kann nicht mehr mit Ernst bei der Sache sein;
– wenn es Aufmerksamkeit erregen will. Es ist nicht am Spiel interessiert, an der Sache, es ist an sich interessiert. Es will beachtet werden und in den Mittelpunkt rücken.
Die Beobachtungen im Spiel können wir ohne Schwierigkeit auf die Arbeit übertragen. Auch hier bestätigt sich, daß Konzentrationsschwäche durch Ichhaftigkeit und mangelnde Sachlichkeit gekennzeichnet ist.

Hans-Jörg ist 14 Jahre alt und wird von den Eltern als Träumer und Phantast geschildert. Er hat einen neun Jahre älteren Bruder, der inzwischen Mathematik studiert und als außergewöhnlich begabt beschrieben wird. Mit den Lehrern lebt Hans-Jörg auf Kriegsfuß, die für ihn durch die Bank doof, pädagogische Nieten und Tyrannen sind. Scharf kritisiert er, daß er sich als Heranwachsender unterordnen müsse und auf Gedeih und Verderb von einigen Fachidioten abhängig sei. Er haßt die Lehrer und schildert nebenbei immer wieder, was man mit dieser unnützen Berufsgruppe eigentlich machen müßte. Eine Untersuchung des Jungen hatte eine relativ hohe Intelligenz ergeben, nämlich ca. 25 % über dem Durchschnitt. Die Eltern waren erbost über den Jungen, der von den Lehrern als konzentrationsschwach und verträumt, rebellisch und frech angesehen wurde. Freunde hatte er keine, weil er als hochmütig und angeberisch abgelehnt wurde. Seine Klassenkameraden gingen ihm aus dem Wege und hatten lediglich ein Wort der Anerkennung für ihn, wenn er einem Lehrer widersprach und ihm einen Fehler nachwies. Sein Vater war Offizier bei der Bundeswehr und ein erklärter Gegner der saloppen, inkonsequenten und verweichlichten Erziehung. Schläge lehnte er entschieden ab, faßte aber den Jungen knapp und fest an. Die Mutter hatte den Nachkömmling sehr verwöhnt und ihm alle Arbeit abgenommen. Beide Eltern baten mich, den Konflikt zwischen Eltern und Sohn zu lösen und zu sagen, wer recht und wer unrecht hätte.

In die Beratung brachte der Junge eines Tages ein Heft mit, und zwar im DIN-A 4-Format, in dem er auf zwei gegenüberliegenden Seiten ein Land in bunten Farben eingezeichnet hatte. Diesem Phantasieland hatte er den Namen „Beatusinien" gegeben.

Ich: „Wann hast du das gemalt?"

Er: „In der Physikstunde und in der Mathematikstunde. Der Studienquatschkopf XYZ erzählte mal wieder Unsinn."

Ich: „Was bedeutet das Ganze, möchtest du es mir erklären?"

Er: „(Er ahmt nach) ‚möchtest du' klingt gut. Natürlich möchte ich. (Pause.) Wenn Sie Latein gehabt haben sollten, wissen Sie, was beatus bedeutet." (Er wartet.)

Ich: „Ich habe eine blasse Vorstellung, was der Name der Insel bedeuten könnte, aber ich weiß es nicht genau. Vielleicht denkst du an ‚Glücksland' oder so ähnlich."

Er: „Genau, daran denke ich, und ich verwalte das Land. Es gehört mir. Im Süden sind Kaffeeplantagen, die habe ich meinem besten Freund übergeben. Wir produzieren Kaffeesorten, die dreimal im Jahr geerntet werden können ... usw."

Wie erklären wir uns die Konzentrationsstörungen und die Flucht in eine Phantasiewelt?

– Hans-Jörg ist von der Mutter verwöhnt worden und hat es nicht gelernt, sich *sachlich* mit der Arbeit und mit Schularbeiten auseinanderzusetzen. Die Mutter durfte nicht arbeiten, weil der Vater aus Prestigegründen allein für Haus und Familie aufkommen wollte. Die Mutter flüchtete in die Betreuung des Kindes, wobei besonders Hans-Jörg den Hauptteil der Verwöhnung erfuhr.

– Hans-Jörg erlebte den tüchtigen Bruder als erdrückendes Vorbild. Der bewies Arbeitseifer, während er spielend lernte, ohne Anstrengung. Als er aber einen neuen Klassenlehrer bekam, der konservativ dachte und strenge Lehrmethoden anwandte, reichte sein spielerisches Arbeiten nicht mehr aus. Die Verwöhnung hatte ein ernsthaftes Arbeiten untergraben.

– Der Widerstand zum Vater wuchs, der sich von der Intelligenz des Sohnes überzeugt hatte und Hans-Jörg mit den gleichen Maßstäben maß wie den ältesten Sohn. Es kam zum Machtkampf zwischen Vater und Sohn. Hans-Jörg übertrug die Machtkampf-Methoden auch auf die Schule und auf die Lehrer.

– Die Flucht in die Traumwelt wurde nicht in erster Linie zur Flucht vor der Arbeit, sondern zur Flucht vor einem Sich-einordnen-Müssen. Die Aussagen über die Lehrer zeigen die Bewegungsrichtung des Kindes an. Es lehnt sich gegen die *Herrschaft* auf, es will selbst regieren und bestimmen. Und unbewußt charakterisiert es seine Rolle auf der *„Glücksinsel"*. Hans-Jörg herrscht dort, abseits der Realität. Er läßt sich von niemandem dreinreden. Als uneingeschränkter Herrscher wählt er sich seine Arbeit und Freunde aus, die ihm untergeben sind. Das verwöhnte, arbeitsunwillige Kind schwingt sich zum Tyrannen auf.

– Der Junge läßt keinen seiner Mitschüler gelten. Es handelt sich in seinen Augen um Speichellecker, Kriecher und rückgratlose

Untertanen, mit denen er nichts zu tun haben will. Er beschimpft sie als kritiklose Jasager, die nicht verstanden haben, was die Uhr geschlagen hat.

– Hans-Jörg will etwas Besonderes sein. Durch intensive Arbeit erreicht er seine Ziele nicht, daher spuken ihm außergewöhnliche Projekte und Ideen im Kopf herum. Durch Außergewöhnliches will er sich Geltung verschaffen. Seine Minderwertigkeitsgefühle versucht er durch *Machtphantasien* überzukompensieren. Das besondere Kind ist zum Außenseiter geworden.

– Die Arbeitsstörung – er kann sich nicht mehr auf Mathematik und Physik konzentrieren –, sein völliges Desinteresse und seine schlechten Zensuren lastet er dem Klassenlehrer an, der als Pädagoge in seinen Augen ein „kompletter Idiot" ist und es nicht versteht, sein Wissen an den Mann zu bringen.

– Alle *Sachlichkeit,* die Hans-Jörg zweifellos hat, wird auf die unnütze Seite des Lebens, jenseits der Realität, in seiner Phantasiewelt umgesetzt. Hier in der Traumwelt, auf seiner Glücksinsel, entfaltet er Phantasie, Geschicklichkeit, Geduld, Produktivität, Energie und Kreativität.

Die Gespräche mit Hans-Jörg in der Beratungsstelle entfalten ...

– diese irrtümlichen Ziele des Kindes, das Herrschen-Wollen und Sich-nicht-einordnen-Können;

– die Rationalisierungen, die inneren Ausreden, die er sich zurechtlegt, um vor sich selbst und vor anderen existieren zu können;

– die Ichhaftigkeit, mit der er jegliche Kooperation, Aufmerksamkeit und Konzentration auf die Arbeit verhindert;

– die unbewußte Motivation im Kampf gegen seine Mitschüler. Seine Ichhaftigkeit und damit sein mangelndes Gemeinschaftsgefühl untergraben die Integration in die Klasse. Um seine Rebellion erfolgreich gegen die Lehrer durchführen zu können, stellt er sich gegen die gesamte Klassengemeinschaft und gerät ins Aus.

Die Gespräche mit den Eltern und dem Sohn verdeutlichen:

– dem Vater, daß er nicht mit Gewalt und Druck den Sohn zum intensiven Arbeiten und aufmerksamen Zuhören im Unterricht zwingen kann. Das Kind verfügt über viele Ausweichmanöver und Abwehrmethoden, um die elterlichen Absichten platzen zu lassen;

– daß Konflikte nicht durch *Rechtssprechung* gelöst werden

(was die Eltern aber vom Berater erwarteten), sondern durch *gegenseitige Achtung.* Gegenseitige Achtung verlangt aber, daß die Menschenwürde des anderen geachtet wird und eine klare Selbstachtung besteht. Wer sich unterlegen fühlt, wer also keine Selbstachtung besitzt, wird den anderen besiegen und demütigen wollen. Die Grundlage für gute soziale Beziehungen ist die *soziale Gleichwertigkeit;*

– daß ein Machtkampf keine Problemlösung ist und Eltern immer Pyrrhussiege erringen. Sie gewinnen einige Schlachten, aber verlieren mit Sicherheit den Krieg. Eine Kriegsmethode der Eltern ruft zehn Gegenmethoden auf den Plan;

– daß das Kind selbst die unbewußten irrtümlichen Ziele erkennen muß, um davon abzulassen. Ein Telefongespräch mit dem Klassenlehrer hat einen Monat später Erfolg. Er sucht im Physikunterricht einen Schüler, der sich an einem gewagten Experiment beteiligt. Der Studienrat wählt Hans-Jörg zu seiner größten Überraschung aus. Der Versuch wird außerhalb der Schule im Physiksaal des Gymnasiums unternommen. Der Klassenlehrer und Hans-Jörg sind allein. Plötzlich zeigt der Junge höchste Aufmerksamkeit und Konzentrationsbereitschaft. Der Lehrer ist begeistert und sagt es dem Jungen. Er entschuldigt sich bei ihm, daß er ihn hier und da ungerecht behandelt habe. Hans-Jörg ist überwältigt, und ihm schießen die Tränen in die Augen. Die Wende ist gekommen. Der Junge kann sein Gesicht wahren und findet zu Kooperation und Gemeinschaft zurück. Die Phantasiewelt hat als Mittel zum Zweck ausgedient. Das Interesse an der Arbeit entzieht dem Konzentrationsmangel den Boden.

Allgemeine praktische Ratschläge und pädagogische Hinweise

– Eltern sollten dem Kind das Gefühl geben, daß es von ihnen verstanden und nicht im Stich gelassen wird.

– Vor allem Heranwachsende, die infolge der hormonellen Umstellung ihres Körpers häufig unter Unkonzentriertheit leiden, brauchen diese Sicherheit der elterlichen Liebe.

– Spiele, die dem Kind Spaß machen, sollten nicht verboten werden. Fast jedes Spiel liefert eine Menge Konzentration, die das Kind unbewußt – wie im Spiel – einüben und erlernen kann.

- Eltern überprüfen ihren Leistungsanspruch. Es kann sein, daß sie ihr Kind überfordern, daß sie zu viel erwarten und zu wenig ermutigen. Die Bestätigung des kleinsten Fortschrittes baut in der Regel Konzentrationsschwächen ab.
- Das Lernen am Abend kann konzentrationsfördernd sein. Untersuchungen haben ergeben, daß Menschen, die abends intensiv lernen und gleich danach einschlafen, bis zu 56% behalten. Wer dagegen wach bleibt, kann sich nur an 9% erinnern. Im Schlaf bleibt das Gehirn frei von neuen Eindrücken, die das Gelernte überdecken.
- Konzentration für das Kind bedeutet, daß alle Störfaktoren, die das Nervensystem unmittelbar erregen (ein fallender Bleistift, Lärm vor der Tür, Gespräche der Geschwister, Radio oder Fernsehgeräusche), die gewünschte Aufmerksamkeit herabsetzen.
- Die medikamentöse Behandlung konzentrationsschwacher Kinder stellt die Ärzte im Augenblick noch vor einige Schwierigkeiten. Unkonzentriertheit ist meistens mit gesteigerter Unruhe gepaart. Wird die Unruhe mit bestimmten Wirkstoffen gehemmt, sinkt meistens auch die Aufmerksamkeit und Lernfähigkeit des Kindes. Höhere Dosen führen oft zum Schlaf. Aktivierende Medikamente erhöhen leider die Nervosität.
- Bevor Eltern zum Arzt gehen, um sich Medikamente gegen die Konzentrationsschwäche ihrer Kinder verschreiben zu lassen bzw. die *körperliche* Ursache des Konzentrationsmangels ausfindig zu machen, sollten sie sich zwei Fragen ehrlich beantworten:
Könnte es sein, daß die Konzentrationsschwäche des Kindes mit Störungen und Schwierigkeiten im familiären Bereich zu tun hat? (Geschwister-Rivalität, Eheprobleme der Eltern, Autoritätsprobleme zwischen Eltern und Kindern.)
Könnte es sein, daß die Eltern sich mit Nachdruck eine körperlich begründete Konzentrationsschwäche bescheinigen lassen möchten, um vor sich selbst gerechtfertigt zu sein?

Faulheit und Intelligenz

Herbert ist zwölf Jahre alt und wird von seiner Mutter in der Beratung vorgestellt.

„Seine Faulheit ist eine Tragödie!" sagt die Mutter.

Berater: „Was sagst du denn selbst dazu, Herbert?"

Die Mutter läßt den Jungen nicht zu Wort kommen und sagt: „Sag dem Herrn mal, warum du so schrecklich faul bist!"

Herbert: „Ja, das ist so, ich bin eben nicht klug genug."

Mutter: „Das sagt er immer, ich glaube das nicht, aber wir werden dich testen, dann sehen wir weiter. Bist du wirklich nicht fähig, nehmen wir dich vom Gymnasium herunter."

Die Mutter will die Intelligenz testen lassen, weil sie einen Zusammenhang zwischen Intelligenz und Faulheit für möglich hält. Der Junge ist fest davon überzeugt, er bringt seine Faulheit mit seiner mangelnden Intelligenz in Verbindung. Die Mutter berichtet, während der Junge im Nebenzimmer sitzt, daß Herbert sich stundenlang mit alten Fernsehgeräten beschäftigen kann, um sie wieder funktionsfähig zu machen. Der Vater hält diese intensive Bastelei für eine „brotlose Kunst". Die Mutter erzählt von sich, daß sie die Volksschule nur „mit Hängen und Würgen" geschafft hat und Schularbeiten ihr ein Greuel waren. „Ich kann mir auch was Schöneres als Schularbeiten denken, aber es muß doch sein!" Der Vater ermahne ihn in der Woche zigmal, alles sei völlig zwecklos.

Intelligenzdefekte

Ist Faulheit eine Frage der Intelligenz? Nein. Nur wenig faule Kinder leiden unter einer intellektuellen Leistungsschwäche. Ist die Intelligenz dagegen geschwächt, defekt, hat das Lernen nur beschränkt oder gar keinen Erfolg. Intelligenzdefekte wirken sich nicht nur als Hindernis beim Lernerwerb von Wissen und Fertigkeiten aus, sie sind auch ein Hemmnis beim sozialen Lernen, beim Lernen von Haltungen und Verhaltensweisen. Lernziele, die von einem normalen Menschen erkannt und angestrebt werden, sind für Menschen mit Intelligenzdefekten unangemessen, weil sie nicht einmal verstanden werden und deswegen auch nicht im Rahmen der späteren Selbsterziehung angestrebt werden können. An die Grenzfälle der Normalintelligenz schließen sich die Fälle der Schwachsinnigen an. Allerdings muß zwischen *angeborenem* und *erworbenem* Schwachsinn unterschieden werden. Leichte und mittlere Schwachsinnsformen beruhen häufig auf Vererbung. Alle mittelschweren und schweren Formen des Schwachsinns haben oft mit vorgeburtlichen, nachgeburtlichen, infektiösen und traumatischen Verletzungen zu tun. Man unterscheidet drei Formen des Schwachsinns:

Die *Debilität* entspricht etwa dem Entwicklungsstand eines zehnjährigen Normalschulkindes,

die *Imbezillität* entspricht etwa dem Entwicklungsstand eines vier- bis sechsjährigen,

und die *Idiotie* entspricht der Altersstufe eines ein- oder zweijährigen Kindes. Wir müssen allerdings zwischen *echtem* Schwachsinn und *scheinbarem* Schwachsinn unterscheiden. Alfred Adler schreibt darüber:

„Scheinbarer Schwachsinn unterscheidet sich vom wahren Schwachsinn durch sein ideales Ziel, mit dem man sich identifizieren kann. Im Gegensatz zum Schwachsinn finden wir beim scheinbaren Schwachsinn, bei der Paranoia, Melancholie und Katatonia einen einheitlichen Lebensstil, und zwar auf der unnützlichen Seite des Lebens. Eine ausgesprochen intelligente, aber nicht vernünftig gedankliche Kette findet man bei der Melancholie. Der Patient erlebt in einer Fiktion die Erhöhung seines Persönlichkeitsgefühls. Bei Katatonikern habe ich feststellen können, daß sie die Rolle einer Puppe, eines Toten, eines Helden usw. spielen."[16]

Auch der Selbstmörder handelt *intelligent*. Er findet Argumente, die vollkommen intelligent sind. Leider verwendet er sie für die unnütze Seite des Lebens. Auch der Psychotiker, von dem Adler spricht, benutzt seine *private Intelligenz,* um mit Illusionen und Wahnvorstellungen die Wirklichkeit so umzugestalten, daß er die Beziehungen mit der feindlichen Umwelt abbrechen kann, daß er frei ist, seinen Wünschen und seinen Vorstellungen zu leben. Über die Formen der Debilität, Imbezillität und der Idiotie soll nicht weiter nachgedacht werden, weil sie *selten* Ursachen der Faulheit sind.

Was verstehen wir unter Begabung und Intelligenz?

Intelligenz und Begabung sind keine starre Mitgift, die man hat oder nicht hat. Intelligenz und Begabung sind sozio-kulturell mitbedingt. Sie sind weitgehend das Ergebnis von Lernprozessen. Begabung und Intelligenz sind nicht ohne weiteres identisch. Untersuchungen haben ergeben, daß oft ein hoher Intelligenzquotient vorliegt, aber wenig *Kreativität* vorhanden ist. Die Menschen sind wenig schöpferisch, und umgekehrt ist zu beobachten, daß Schüler mit niedrigem Intelligenzniveau einen hohen Grad an schöpferischer Kreativität aufweisen können. Intelligenz schlechthin gibt es nicht, sondern nur verschiedene Fähigkeiten, deren gelungenes Zusammenwirken intelligentes Verhalten ergeben. Die Intelligenzforschung entdeckt immer neue Intelligenzfaktoren. Fünf Faktoren sind allgemein anerkannt, sogenannte primäre geistige Fähigkeiten, mit denen ein intelligentes Verhalten hinreichend erklärt und beschrieben werden kann: Sprachbeherrschung, Raumvorstellung, Rechengewandtheit, Denkfähigkeit und Kombinationsfähigkeit.

Unverkennbar ist, daß die Erziehung die schöpferische Begabung sehr oft verschüttet. Oliver Brachfeld schreibt dazu:

„... daß der Mangel an Begabung sozusagen *immer* auf eine *Entmutigung* im Kindesalter zurückzuführen ist. Worin die Begabung liegt, darüber ließe sich streiten; daß aber *Unbegabung*, Mangel an Begabung, zumeist einem Mangel an *Mut zur Begabung* zuzuschreiben ist, scheint heute weitgehend festzustehen. Ermutigt man ein Kind zu schöpferischem Schaffen, so gelingt es dem Kinde, seine Minderwertigkeitsgefühle, seine Unzulänglichkeitsgefühle auf diesem oder jenem Gebiet zu überwinden, und aus diesem bis dahin unschöpferisch geltenden Kind kann ein sogenanntes ‚begabtes‘, ein schöpferisches Kind gemacht werden.“[17]

Entscheidend ist der Glaube an den jungen Menschen, das Vertrauen an seine Erziehbarkeit und naturhafte künstlerische Begabung. Carl Orff war der Meinung, daß es wahrscheinlich keine unmusikalischen und amusischen Menschen gebe, bei den meisten seien die Anlagen nur verschüttet oder nie entfaltet worden. Der amerikanische Pädagoge Robert F. Mayer schildert in seinem Buch „Motivation und Lernerfolg" ein überzeugendes Beispiel, wie musikalische Begabung durch Bloßstellen, Spott und Kritik untergraben werden kann.

„Als Dr. David Cram mir den ursprünglichen Entwurf zu diesem Buch mit seinen Bemerkungen zurückgab, fügte er hinzu: ‚Mein Vater erzählte seine unmusikalische Laufbahn folgendermaßen: Wir hatten Gesangstunde, und die Lehrerin forderte mich auf, allein zu singen; als ich es tat, lachten alle Kinder. Am nächsten Tag forderte sie mich auf, noch einmal zu singen, ja, ich tat es einfach nicht. Dann ließ mich die Lehrerin nach vorn vor die Klasse kommen. Aber ich wollte immer noch nicht. Dann schlug sie mit einem Lineal auf meine Hand. Sie hätte jedoch meinen Finger abschneiden können, ich hätte es nicht getan. Ich hab's auch nicht. Nie'!"[18]

Frustrationen, Erniedrigungen, Bloßstellen von Schwächen – vor allem vor anderen – sind pädagogische Verfahrensweisen, die garantiert negativ wirken und schöpferische Fähigkeiten ein für allemal verbarrikadieren können. Mit der *Mathematik-Begabung* verhält es sich ähnlich.

Fritz Künkel charakterisiert sie so: „Jede Rechenaufgabe, jede mathematische Konstruktion, aber auch jeder Aufsatz und jeder Vortrag über ein noch ungewohntes Thema bringt uns in die Lage, die ein klein wenig an die Lage des Kolumbus bei seiner ersten Amerikafahrt erinnert ... Daher kann man immer sagen, daß ein schlechter Rechner auch ein schlechter Entdeckungsreisender, ein schlechter Anführer und überhaupt ein mutloser Mensch sein wird. Was wir gewöhnlich *mangelhafte Begabung* im *Rechnen* bezeichnen, ist in Wirklichkeit nur ein zu kurzer Spannungsbogen, und das heißt Mangel an Mut, Mangel an Sachlichkeit und darum auch Mangel an innerer Lebendigkeit und Geistesgegenwart. Nur in ganz wichtigen Fällen hängt das Nicht-rechnen-Können mit einem körperlichen Fehler zusammen."[19]

Herz und Gehirn sind Organe und damit faßlich. Intelligenz ist weder eine Struktur noch ein Organ, das mit einem Zirkel oder einer Waage gemessen werden kann. Intelligenz ist eine Fähigkeit oder Eigenschaft, die nicht aus einer einfachen physikalischen Messung genau geschlossen werden kann. Unter den Intelligenzforschern gibt es zwei extreme Lager. Die *Vererbungs-*

fanatiker und die *Umweltfanatiker.* Die Auffassung der Genetiker ist, daß ca. 80% der Intelligenz angeboren ist und nur 20% erlernt werden kann, während die Verhaltenstheoretiker genau das umgekehrte Verhältnis darstellen möchten. Bis heute ist nicht erkennbar, welche Theorie sich eindeutig bewahrheiten wird.

Der Zusammenhang zwischen Faulheit und Intelligenz

Kommen wir nach dem Exkurs über Intelligenz und Begabung auf den Zusammenhang zwischen Faulheit und Intelligenz zurück. Schauen wir uns Herberts Lebens- und Lern-Situation an, können wir einige Erkenntnisse ableiten und verallgemeinern:

1. Herbert *benutzt* die mangelnde Intelligenz als Ausrede. Er nimmt für sich das Sprichwort in Anspruch: „Wo nichts ist, kann man nichts holen." Denn ist er wirklich intelligenzmäßig schwach, kann er nicht getadelt, bestraft und beschimpft werden. Faulheit wird dann zum schützenden Dach, unter dem er sich sicher und geborgen fühlt.

Kurt Seelmann, ein erfahrener Pädagoge und Psychotherapeut, urteilt:

„Die Faulheit ist also kein ererbter Charakterfehler, sondern ein erlerntes Verhalten, gleichsam ein negativer Anpassungsversuch, eine Sicherung vor Forderungen, denen man sich nicht gewachsen glaubt oder wirklich nicht gewachsen ist."[20]

2. Schule und Lernen stehen in der Familie niedrig im Kurs. Die Mutter denkt heute noch mit Grauen an die eigene Schulzeit zurück. Sie hat nur mit „Hängen und Würgen" die Volksschule absolviert. Diese negative Haltung kann sie nicht verleugnen und überträgt sie unbewußt und bewußt ständig auf den Jungen. Lernen ist – nach Meinung der Mutter – eine scheußliche Arbeit und muß mit Widerwillen getan werden.

3. Eine Form, die unser Verhalten entscheidend beeinflußt, ist die *Nachahmung,* das Imitations-Lernen. Besonders die Lernpsychologie hat deutlich gemacht, daß jedes Lernergebnis unter anderem durch *Beobachtung* an anderen Menschen entsteht. Geben Eltern in bezug auf Lernbereitschaft und Interesse an schulischen Fertigkeiten ein schlechtes Vorbild, erhöht sich nach Untersuchungen die Abneigung der Kinder gegenüber der Schule. Auch hier berufen sich die Kinder bewußt oder unbe-

wußt auf die negative Haltung der Eltern, die Lernen und Arbeiten als unangenehm empfinden und erlebt haben.

4. Die ständigen Ermahnungen des Vaters sind mit Sicherheit kein Lernanreiz und eine Ermutigung. Sie untergraben die Arbeitsfreude und fördern das Desinteresse an schulischen Fähigkeiten.

5. In der Familie wird der Arbeit ein negativer Beigeschmack gegeben. Ein englisches Lexikon definiert die Arbeit folgendermaßen:

„Arbeit ist der auf das Erreichen einer Sache gerichtete Aufwand von Energie." Welch armselige Definition! Kein Wort über Gefühle. Kann Arbeit nicht aufregend, spannend, erheiternd, angenehm, erfolgreich und befriedigend sein? Kennen wir nicht genügend Menschen, denen Arbeit Freude macht, die gern arbeiten und die sogar die Arbeit lieben?

Faulheit und Lernstörungen des Einzelkindes

Einzelkinder werden oft stiefmütterlich behandelt, was die Gemeinschaft und was Spielgefährten angeht. Sie haben keine Geschwister, mit denen sie sich austauschen können. Ihnen bleiben nur die Erwachsenen. Das Einzelkind wächst in der Welt der *Riesen* auf, denn die Erwachsenen sind größer, überlegener und fähiger. Es fühlt sich herausgefordert, Gaben zu entwickeln, die den Großen imponieren. Die gesamten Entwicklungsjahre bringt das Einzelkind unter Menschen zu, die größer sind und mehr können und wissen als es selbst. So kann es auf verschiedenen Wegen versuchen, sein Ziel zu erreichen, einen bestimmten Platz in der Gesellschaft zu finden: durch Charme, durch Intelligenz, durch Hilflosigkeit, durch Initiativlosigkeit, durch Schüchternheit und durch Faulheit.

Häufige Symptome des Einzelkindes

In dem Buch „Geschwisterkonstellation und psychische Fehlentwicklung" schreibt der Autor Hans Ch. Dechêne über besonders häufige Symptome bei Einzelkindern:
„Charakteristisch für Einzelkinder zu nennen sind:
1. motorische Ticks,
2. Kränkeln und Wehleidigkeit,
3. Initiativlosigkeit,
4. Clownerien.
Besonders seltene Symptome (bei Einzelkindern) sind Bettnässen und Nervosität."[21]
   Wie können wir uns das klarmachen?

Motorische Ticks

Es handelt sich um Spannungsentladungen. Das Einzelkind wird überbeschützt, in seiner Unbefangenheit und in seinem Bewegungsdrang stark eingeengt, kontrolliert und manipuliert. Es reagiert mit Spannungen, die sich in motorischen Ticks äußern können. Es sind zwecklose Bewegungen, die ständig wiederkehren. So können tickartiges Nase-Hochziehen, tickartiges Räuspern, Grimassenschneiden, Kopfschütteln, Körperverenkungen vorübergehend auftreten. Sie müssen als Anzeichen ernsthafter emotionaler Spannungen gesehen werden. Das Kind reagiert auf nicht gemäße Weise auf Situationen und Belastungen. Ticks sind auch verstümmelte Wutgebärden. Das Kind fühlt sich frustriert, kann sich aber nicht aggressiv gegen die Erwachsenen durchsetzen und reagiert mit Ticks seine Wut und Unzufriedenheit ab. Die besten Abhilfen: keine besondere Aufmerksamkeit schenken. In der Regel verlieren sich dann in absehbarer Zeit diese Ticks von selbst.

Kränkelei und Wehleidigkeit

Es sind erfolgreiche Verhaltensmuster, um ein Mehr an Zuwendung, Beachtung und Liebe zu ergattern. Kränkelei und Wehleidigkeit sind auch erfolgreiche Methoden, sich zu drücken. Das Kind flieht in die Krankheit, es genießt seine Wehwehchen und verschafft sich außerdem vermehrte Zuwendung. Wehleidigkeit fordert Beachtung heraus. Sie ruft Hilfsbereitschaft, Trost und Zuspruch auf den Plan. Schmerzen werden dramatisiert, Schwierigkeiten hochgespielt. Fehlt dem Kind das Geringste, bleibt es von der Schule weg, die Mutter ist einverstanden. Ein bißchen Halsschmerzen und Bauchschmerzen sind Grund genug, das Kind ins Bett zu stecken. Initiativlosigkeit und Restriktion sind weitere Symptome, die das Einzelkind kennzeichnen. Der Aggression, dem Herangehen an die Welt, dem mutigen Zupacken steht die Restriktion gegenüber, ein Rückzugsverhalten. Das Kind distanziert sich, geht den Schwierigkeiten aus dem Wege und sucht im Extremfall den Kontakt mit den Mitmenschen und der Realität zu meiden. Durch den Abbau der Kommunikation verarmt das Kind aber seelisch, es verfällt der Resignation, der Apathie und der Gefühlsverarmung. Viele Einzelkinder leiden unter Anpassungsschwierigkeiten. Das Einzelkind ist auf die Eltern ausgerichtet. Eltern, besonders die Mutter, bieten ihm ein Übermaß an Fürsorge, Liebe und Beratung. Es hat nicht gelernt, sich auf Geschwister und Altersgenossen einzustellen. Ihm gelingt es daher schwer, sich auf die rechte Weise durchzusetzen. Einzelkinder sind von daher altklug, distanziert und ohne starke Gefühlsbeziehungen zum Mitmenschen. Altklugheit hindert aber die Reifung.

Die Verzögerungstaktik

Mit der Restriktion, also mit einem unbewußten Rückzugsverhalten, geht in der Regel eine *Verzögerungstaktik* Hand in Hand. Rückzugsverhalten und Verzögerungstaktik schleifen sich schnell als Gewohnheit ein. Sie werden fest in den Lebensstil eingebaut. In allen Verhaltensbereichen können wir diese Taktik wiederfinden. Das Kind entwickelt also Methoden und Verhaltenstechniken, die sich besonders im Leistungsbereich, in der Schule, im späteren Beruf, in der Ehe und im Privatleben nachteilig auswirken.

Wie sieht das Verhalten in der Praxis aus?

„Dazu komme ich heute auf keinen Fall, morgen finde ich wahrscheinlich die Zeit";

„heute ist mir die Erledigung dieser Aufgaben äußerst unangenehm";

„laß mich heute damit in Frieden, morgen sehen wir weiter";

„muß das unbedingt sofort erledigt werden?"

Im Beruf sagen solche Verzögerungstaktiker:

„Das erledigt sich von selbst";

„das erledigt sich durch Liegenlassen."

Wie kommt diese Verzögerungstaktik zustande? Durch Entmutigung. Rudolf Dreikurs und Erik Blumenthal schreiben:

„Wie wir gesehen haben, beruhen die Schwierigkeiten eines Kindes immer auf irgendeiner Form von *Entmutigung*. Vielleicht waren es die Eltern oder andere Personen seiner Umgebung, die es verzagen ließen; oder erfolglose Bemühungen, irgendeine Aufgabe zu meistern oder eine Fertigkeit zu erreichen, mögen es veranlaßt haben, den Glauben an seine eigene Kraft zu verlieren ... Ermutigung ist für die Entwicklung des Kindes dasselbe, was Wasser für die Pflanze bedeutet."[22]

Und wie kommt es, daß das Kind entmutigt wird?

Die Erwachsenen erdrücken das Einzelkind. Sie wissen alles besser, sie können alles besser, sie kümmern sich um jede Kleinigkeit, sie sind ständig mit Vorschriften bei der Hand, sie zeigen ihre Überlegenheit, sie machen unaufhörlich Vorschläge, sie pochen auf ihr Recht, sie erzwingen Gehorsam, sie tragen für alles die Verantwortung. Das Kind wird entmutigt, es zieht sich zurück, es scheut die Verantwortung und beherrscht die Technik der Verzögerung.

Ängstlichkeit und Unselbständigkeit

Marika ist vier Jahre alt. Einzelkind. Die Mutter sieht in dem Kind ihre Lebensaufgabe. Das Verhältnis zum Gatten ist nicht erfreulich. Er arbeitet viel, macht Überstunden und bemüht sich als Ingenieur, eine Karriere in einem namhaften Betrieb zu machen. Die Mutter betreut ein gut eingerichtetes Einfamilienhaus – und die Tochter. Auf dringendes Anraten einiger Verwandter ist Marika in den Kindergarten gekommen. Sie zeichnet sich durch Ängstlichkeit und Unselbständigkeit aus. Die Mutter hat ihr alle Pflichten abgenommen. Sie kann nicht mit den übrigen Kindern mithalten, wird ausgelacht, nicht ernst genommen und beiseite gestellt. Hilflos steht das Kind am Rande des Geschehens. Es kann sich nicht selbst anziehen, nicht selbst die Schuhe zubinden, nicht selbst den Po abputzen, wenn es zur Toilette muß. Dauernd schreit es hinter der Kindergärtnerin her. Es zwingt die Erwachsenen, dauernd bereit zu stehen und Hilfsdienste zu übernehmen. Das Kind schläft nicht allein, ohne daß das Licht brennt und die Tür offensteht. Es geht nicht allein zu den Nachbarskindern. Es *benutzt* die Angst, um dauernd alle Erwachsenen in Dienst zu stellen. Wie können Ängstlichkeit und Unselbständigkeit abgebaut werden?

1. Das Kind wird gelobt, für das, was es selbständig tut. Es wird ständig *ermutigt*, sich die Schuhe *allein* zuzubinden, sich den Po *allein* abzuputzen, sich die Milch *allein* einzuschenken.

2. Schon die *Bemühung* wird bestätigt.

„Ich finde es prima, daß du es versuchen willst",

„ich bin überzeugt, daß du es schaffst",

„probier es mal, ich kann mir vorstellen, daß es dir gelingt."

Wichtig ist, daß sich die Erwachsenen nicht gehen lassen, daß sie nicht selbst entmutigt abbrechen und daß sie ihre Hoffnung nicht aufgeben. Auch wenn die Bemühung nicht gleich erfolgreich ist, weiteres Bemühen wird gelobt und anerkannt.

3. Negative Kritik vermeiden.

„Ich bin gespannt, ob du das fertigbringst!"

„Bisher war alles schlecht, was du fabriziert hast, da muß schon ein Wunder geschehen, wenn dir das gelingt!"

„Es ist eine Schande, daß du so wenig Ausdauer und Fleiß aufbringst!"

„Ich kenne kein Kind, das sich so wenig Mühe gibt wie du. Alles wird so hingehauen!"

„Du bildest dir ein, du könntest ein Diktat fehlerlos schreiben, bei deinem Fleiß muß da schon ein Wunder geschehen."

Kritik entmutigt. Kritik zerstört das Selbstvertrauen. Kritik untergräbt die Initiative, eine Arbeit besser zu machen. Kritik nährt die Resignation und Hoffnungslosigkeit eines Menschen. Sie baut nicht auf, sondern ab, sie regt nicht an, sondern auf.

Passive Genußsucht, Faulheit und Egoismus

Das verwöhnte Einzelkind entwickelt einen Hang zur Genußsucht. Es möchte gern „die erste Geige spielen". Das Beste ist ihm gerade gut genug. Wählerisch pickt es sich die teuersten Süßigkeiten, Lebensmittel und Kleidungsstücke heraus. Es wird übermäßig beachtet und kann sich die Extravaganzen erlauben. Es spielt sich gern zum Tyrannen auf und beherrscht die dreiköpfige Familie. Mit der Genußsucht sind oft Faulheit und Egoismus verbunden. Das Kind verhält sich passiv und verlegt sich aufs Zuhören.

Martin ist sieben Jahre alt, einziges Kind seiner schon alten Eltern. Er wurde nach zehnjähriger Ehe geboren, nachdem die Mutter einige Fehlgeburten hinter sich hatte. Endlich war der Erbe, der Sohn, der Sonnenschein, das ersehnte Kind da. Vom ersten Tage an stand die Verwöhnung an seiner Wiege Pate. Der Junge wurde so bemuttert, daß er sich zum genußsüchtigen Familientyrannen entwickelte. Martin war ein begeisterter Konsument. Jede Aktivität wurde untergraben, jedes Experimentieren von den Eltern unbewußt im Keime erstickt. Ohne Vergleichsmaßstäbe und betriebsblind zogen die Eltern das Kind auf. Als es zur Schule kam, zeigten sich Lernstörungen. Martin war ein Musterkind, wenn er Geschichten hören konnte, wenn kleine Filme gezeigt wurden oder interessante Lernspiele gemacht wurden. Selbständiges Arbeiten lehnte er ab. Er bockte. Die Mutter erzählte mir:

„Martin kann den ganzen Tag Märchen hören. Abends sitze ich eine Stunde am Bett und lese ihm Märchen vor. Er ist so interessiert und hört aufmerksam zu. Nur wenn er am anderen Tag Schularbeiten machen soll, flüchtet er ins Spiel, er schreibt keine Zeile und schleudert die Hefte vom Tisch. Was tun?"

Jede Fertigkeit anerkennen

Martin kam von der Schule und mußte der Mutter eilig etwas erzählen. Er hatte ein Bild gemalt, ein Haus mit Garten und Bäumen, und die Lehrerin hatte sein Werk besonders herausgestellt. Seine Stimme überschlug sich, er lobte die Lehrerin, die er gestern noch verwünscht hatte, hielt der Mutter immer wieder sein Bild vor die Nase und war stolz. Mit der Mutter hatte ich verschiedene Verhaltensregeln durchgesprochen. Sie wußte, daß es darauf ankam, den Mut, die Initiative und die Aktivität des Kindes zu fördern. Sie sagte zu ihm: „Wenn ich mir das Bild, das du gemacht hast, anschaue, finde ich es toll, wie schön du die Farben aufeinander abgestimmt hast. Das rote Dach, die grünen Bäume und der braune Zaun, du hast wunderbar beobachtet."

Die Mutter hatte das Bild mitgebracht und sagte zu mir: „Noch vor einem Monat hätte ich die Nase über das Bild gerümpft. Das Dach ist schief, alle Wände stehen falsch, die Fenster passen nicht, der Schornstein sitzt quer auf dem Dach, und die Bäume sehen aus wie Betonpfähle."

Das Negative übersehen

An jedem Bild können wir etwas loben und anerkennen. Jede geschriebene Seite zeigt in der Regel einige gut geschriebene Zeilen. Wir bemühen uns, das Positive zu sehen und zu bestätigen und das Negative zu *übersehen*.

Als Martin allmählich anfing, auch in anderen Fächern zu arbeiten, wurde jeder Versuch gewürdigt, jede Weiterentwicklung bestätigt. Martin bekam Mut, mit den übrigen Kindern in der Klasse mitzuhalten. Seine Aktivität und seine Neugierde erwachten. Er freute sich über seine kleinen Leistungen, weil seine minimalen Erfolge akzeptiert und nicht kritisiert wurden.

Als Martin in der Mengenlehre Äpfel malen mußte, lobte die Mutter die schön gemalten Äpfel, die farblich und formmäßig fein säuberlich in die Kästchen gemalt waren. Die Ausrechnungen waren falsch, aber die Arbeit des Kindes war anerkennenswert. Er hatte sich große Mühe gegeben, und die Mutter bekräftigte die geleistete Arbeit.

Faulheit und Müdigkeit

Susanne ist zwölf Jahre alt, 1,63 m groß und 121 Pfund schwer.
Der Kinderarzt hat sie untersucht und Adiposogigantismus fest-
gestellt. Es handelt sich um eine Fettleibigkeit einerseits und um
übersteigertes Längenwachstum andererseits. Susanne überragt
ihre Klassenkameraden zum Teil um Haupteslänge. Ihr Gewicht
macht ihr und ihren Eltern schwer zu schaffen. Das Gespräch
mit den Eltern ergibt, daß Susanne chronisch müde ist, ein enor-
mes Schlafbedürfnis aufweist und morgens nicht aus dem Bett
kann. Sehr oft schwänzt Susanne die ersten Stunden in der
Schule, die Mutter schimpft und ist unglücklich über Susannes
Faulheit. Susanne drückt sich auch vor allen anfallenden Arbeiten im Haus. „Allerdings ist sie auch für Mithilfe völlig ungeeig-
net, sollte sie mal heiraten, der Mann tut mir heute schon leid",
erklärt die Mutter. Als ältestes Mädchen enttäuscht sie auch die
Erwartungen der Mutter, die das „große Mädchen" gern mit im
Haushalt eingespannt hätte. Der drei Jahre jüngere Bruder ist
„schlank und flink und in der Schule ein fixer Denker und Arbei-
ter", wie die Mutter sagt.

Susanne leidet oft unter Depressionen, möchte morgens nicht
mehr aufwachen oder möchte auf der Stelle tot umfallen, um al-
len Schwierigkeiten aus dem Wege zu gehen. Die Mutter seufzt
zwischendurch laut hörbar und gibt ihre eigene Ratlosigkeit und
Hilflosigkeit zu erkennen. Der Vater wettert gegen die Tochter.
Er benutzt harte Ausdrücke: „faules Schwein" und „müder
Dickwanst". Er hat gänzlich das Vertrauen der Tochter verloren.
Der Vater gibt zu erkennen, daß er nicht mehr an die Tochter
glaubt. Das einzige, was die Tochter könne, sei Klavierspielen.
Stundenlang sitze sie vor dem Instrument und improvisiere.

Susanne ist ohne jegliche Initiative, ohne jeden Antrieb, völlig
lustlos und passiv. Überall wird sie als Erwachsene angesprochen
und als solche auch behandelt.

Die Beratung ergibt folgende Zusammenhänge, die für das Verhältnis von Faulheit und Müdigkeit erwähnenswert sind:

- Der Kinderarzt hat die Krankheit Susannes als Störung der Hypophyse diagnostiziert, aber gebeten, daß Susanne in psychologische Beratung kommt. Denn Lernstörungen, Faulheit und übertriebenes Schlafbedürfnis seien nicht notwendigerweise die Folge der Fettsucht und des übersteigerten Längenwachstums.

- Susanne ist zwar das älteste Kind, die Mutter hatte aber zwei Jahre vor Susannes Geburt ein totes Mädchen zur Welt gebracht, auf das sie sich sehr gefreut hatte. Susanne wurde jetzt doppelt beschützt und verwöhnt. Jedes Weinen wurde mit Nahrungszufuhr beantwortet. Die Mutter sagte, daß sie Weinen und Jammern körperlich und seelisch nicht ertragen könne. Als Kleinkind zeigte Susanne bereits Übergewicht. Daß von der Mutterbrust an *Fütterungsfehler* vorliegen, ist offensichtlich. Das Kind wurde vollgestopft und vollgepfropft mit Nahrung und zur Inaktivität und Trägheit verdammt. Alle Eigenimpulse wurden unterdrückt und durch die sorgende mütterliche Liebe im Keime erstickt.

- Nach drei Jahren wurde der Bruder geboren. Susanne erlebte ihre *Entthronung*. Das Kind, das bis dahin völlig im Mittelpunkt stand, das übermäßig beschützt und verwöhnt wurde, mußte sich die Liebe der Mutter teilen. Um Aufmerksamkeit zu bekommen, schrie es pausenlos nach Nahrung und Süßigkeiten.

- Im Laufe der Zeit entwickelte Susanne zwei „*verkehrte Hände*", stellte sich dumm und ungeschickt an, um nicht als einziges Mädchen im Haus für Putzarbeiten herangezogen zu werden. Es galt als steif und unbeholfen, und die Eltern wagten es nicht, berechtigte Wünsche zur Mitarbeit an das Mädchen heranzutragen. Um sich beliebt zu machen, springt der Bruder ein und entwickelt häusliche Talente.

- Allmählich arrangiert Susanne die Müdigkeit als Mehrzweckwaffe. Sie wies in der Beratung darauf hin, daß *nur* ihre Fettleibigkeit der *Grund* für ihre chronische Müdigkeit sei. „Wäre ich nicht so dick, hätte ich keine Depression, wäre ich nicht müde und träge."

- Mit zehn Jahren setzten zum erstenmal erkennbare Depressionen und Verstimmungen ein. In der Schule fühlte sie sich als „Pummelchen" verspottet. Ihre Leistungen ließen rapide nach. Der Bruder wurde immer besser, sie zusehends schlechter. Beide Eltern nahmen auf die Depression Rücksicht, weil sie sie durch Fettsucht verursacht sahen. Mit ihren melancholischen Äußerungen und ihrer resignierenden Schau vom Sinn des Lebens *erpreßte* Susanne ihre Eltern und bekam, was sie wollte. Die Angst der Mutter, ihre zweite Tochter zu verlieren, machte sie zur Sklavin des Kindes. Es besteht kein Zweifel, daß Susanne die Depression benutzt, um ihre Mittelpunktsrolle aufrechtzuerhalten.

– Susanne ist durch ihre negative Selbsteinschätzung völlig einsam und kontaktlos geworden. Sie zieht sich von allen Klassenkameradinnen zurück und wird von Jungen und Mädchen gemieden. Ihre Gemeinschaft findet sie zum Teil in der Familie. Ihre Krankheit schützt sie im Familienkreis vor Diskriminierung. Lediglich der Vater ist mit den Verhaltensweisen der Tochter und der Rücksicht und Nachsicht seiner Frau nicht einverstanden.

– Susannes Faulheit ist völliges Desinteresse an der Schule und am Leben. Sie sieht keinen Sinn im Leben und daher keinen Sinn in jeglicher Arbeit. Sie weicht jeglicher Verantwortung aus und hat Verhaltensweisen entwickelt, sich bedienen und verwöhnen zu lassen. Für diese Lebensstilhaltung zahlt Susanne „hohe Kriegskosten". Sie nimmt erhebliche Unannehmlichkeiten in Kauf.

Das Beispiel Susanne zeigt, daß Organminderwertigkeiten, wie Alfred Adler gesagt hat, nicht als losgelöste Einheit verstanden werden dürfen. Umgebung, Gesamtsituation und Familie sind mitentscheidend. Die Krankheit baut das Kind in seinen Lebensstil ein. Nicht die Krankheit hat die beschriebenen Folgen *verursacht*, sondern die schöpferische Kraft des Kindes *benutzt* die körperliche Beschaffenheit. Der Organdefekt kann anlagemäßig begründet sein, kann aber auch durch fehlerhafte Benutzung des Organs hervorgerufen werden. Den Krankheitszustand ursprünglich für die Faulheit des Mädchens verantwortlich zu machen ist kurzsichtig. Alfred Adler kommentiert diesen Zusammenhang folgendermaßen: „Eine andere Frage betrifft das Verhalten des Kindes zum Kranksein und die Stellungnahme, zu der es sich entschließt ... Setzt bei erlangter Gesundheit die ungewöhnliche Verwöhnung aus, dann findet man oft, daß das

Kind ungebärdig oder unter einem dauernden Krankheitsgefühl, mit Klagen über Müdigkeit reagiert ... Solche Kinder haben eine Neigung, die Erinnerung an ihre Krankheiten durch ihr ganzes Leben festzuhalten, was ihre Meinung zum Ausdruck bringt, auf Schonung Anspruch zu haben oder auf mildere Umstände zu plädieren."[23]

Die Umstellung des Lebensstiles

Die Beratung zielt darauf ab, abgesehen von der kinderärztlichen Betreuung:

- Susannes irrtümliche Lebensauffassung herauszuarbeiten. Susanne ist offen und ehrlich und läßt durchblicken, daß sie aus ihrer Krankheit beträchtlichen Nutzen zieht. Sie hat selbst erkannt, daß Leid, Trauer, Müdigkeit und Melancholie Anklagen gegen die Umwelt sind, die Hilfe, Verständnis und Erleichterung verlangen. An Stelle der eigenen Verantwortlichkeit steht die Verpflichtung der anderen;
- Susanne zu ermutigen, die Verantwortung für ihr weiteres Leben zu übernehmen. Verwöhnung und Beschützung durch die Eltern haben sie lebensuntüchtig, ängstlich und gehemmt gemacht. Sie muß den einmal eingeschlagenen Weg nicht zwangsläufig weitergehen;
- alle Möglichkeiten der Ermutigung zu erörtern und zunächst im häuslichen Milieu zu verbessern. Die Mutter muß sich ihrer pessimistischen Grundeinstellung bewußt werden und ihre *negativen Erwartungen* abbauen. In dem Maße, wie beide Eltern an das Kind und seine Fähigkeiten *glauben*, ändert sich mit Sicherheit das Verhalten des Kindes;
- die Eltern mit den Arrangements (Depression, Müdigkeit, Ungeschicklichkeit, Faulheit) vertraut zu machen, die unbewußt vom Mädchen produziert werden, um in Ruhe gelassen zu werden und ein Drohnendasein zu führen;
- den Vater aus der *anklagenden* Rolle herauszubekommen, der Susanne zum Außenseiter und Sündenbock stempelt und das Kind zwingt, immer neue Verhaltenstechniken zu erfinden, die glaubhaft machen, daß alle Begleiterscheinungen Ursachen der Krankheit sind. Vater und Tochter haben einen Machtkampf geführt. Die Tochter hat dem Vater bewiesen, daß sie mit ihren Methoden am längeren Hebel sitzt;

- den Vater zu überzeugen, daß der abgeschaffte Klavierunterricht für die Tochter eine Strafe ist und die Niedergeschlagenheit und Faulheit des Kindes nur verstärkt hat. Tatsächlich führt die gewandelte Einstellung des Vaters, die Wiederaufnahme des Klavierunterrichts und die Ermutigung der Tochter durch beide Eltern einen Umschwung im Verhalten herbei. Allerdings wird der Klavierlehrer gewechselt. Der bisherige war ein Pessimist, ein entmutigter alter Herr, der vorzeitig aus dem Schuldienst ausgeschieden war, weil er mit den Kindern nicht mehr fertig wurde. Eine junge Lehrerin verstand es, Susannes Gaben zu bestätigen und zu fördern;
- mit dem Vater zu erarbeiten, daß die *Wertschätzung* des Kindes eine Vorbedingung zur Verhaltensänderung ist. Der Vater muß fest davon überzeugt sein, daß sein Kind es schaffen wird. Diese unerschütterliche Vertrauensbasis hebt das Selbstvertrauen des Kindes und fördert sein Selbstbewußtsein;
- die Mutter erleben zu lassen, daß ihre verständliche Überbesorgtheit, Angst und Verwöhnung das Kind bestärken, in seiner Rolle weiterzumachen, die Abhängigkeit und Unselbständigkeit zu genießen, und sie damit Sklavin ihrer Tochter bleibt;
- daß Mutter und Tochter erkennen, unbewußt Hand in Hand gearbeitet zu haben. Die gutgemeinte Verwöhnung hat eine *neurotische Passivität* des Kindes gefördert. Der Mutter muß bewußt werden, daß sie das Kind klein, hilflos, abhängig und anlehnungsbedürftig halten möchte, um weniger Ärger mit einem „selbstbewußten und stürmischen" Kind zu haben, wie sie in der Beratung äußerte.

Ermüdung und menschliche Atmosphäre

Professor W. Metzger beschreibt in seinem Büchlein „Stimmung und Leistung" eine Untersuchung des „Industrial Health Research Board" der Vereinigten Staaten, das alle im Handel befindlichen Schreibmaschinen auf die beste Schreibleistung untersuchte. Man ließ eine Gruppe gewandter Maschinenschreiberinnen fast zwei Jahre lang mit verschiedenen Modellen arbeiten und zeigte außer der Schreibleistung unter anderem auch den Ermüdungsgrad sorgfältig auf. Metzger schreibt über das Experiment folgendes: „Als eines Tages der Vorgesetzte der Arbeitsgruppe wechselte, stieg plötzlich die Arbeitsleistung der ganzen Gruppe an, und zwar um einen Betrag, der weit über dem Unterschied zwischen der schlechtesten und der besten Maschine lag ... Man ging nun dazu über, in gewissen Abständen planmäßig den Vorgesetzten zu wechseln. Als nächste erhielt eine ältliche, nervöse Bürovorsteherin die Leitung der Gruppe. Die Leistungen sanken schlagartig ab und blieben, trotz aller Ermahnungen, weit unterhalb der vorher erreichten Werte. Zugleich, das ist fast noch wichtiger, sank oder stieg der Grad der Ermüdung. Bei den ,guten' Vorgesetzten zeigte sich trotz höchster Leistung die *geringste* Ermüdung, während bei den ,schlechtesten', den schwierigen, mißmutigen, übellaunigen, ungeduldigen, aufgeregten, reizbaren Vorgesetzten die Schreiberinnen trotz der geringeren Leistung über starke Ermüdungserscheinungen klagten."[24]

Der Grad der Ermüdung hängt zweifellos von der menschlichen Atmosphäre ab. Die Ermüdung hat weniger mit innerseelischen oder körperlichen Faktoren zu tun als mit zwischenmenschlichen und sozialen.

Wann wird der Mensch müde?

Vor Jahren versuchten Wissenschaftler herauszufinden, wie das menschliche Gehirn arbeitet, ohne „verminderte Leistungsfähigkeit" aufzuweisen, die wissenschaftliche Bezeichnung für Übermüdung. Zur größten Überraschung der beteiligten Wissenschaftler zeigte sich, daß Blut, welches das Gehirn passiert, während es in Tätigkeit ist, keinerlei Ermüdungssymptome aufweist. Das Gehirn kann ohne Ermüdung acht bis zehn Stunden arbeiten. Was aber macht den Menschen müde?

Nervenärzte behaupten, daß Ermüdung in der Hauptsache *gefühlsmäßigen* Einstellungen zuzuschreiben ist. Und die gefühlsmäßigen Faktoren sind: Langeweile, innerer Groll, unbefriedigtes Geltungsbedürfnis, Gefühle der Unruhe, des Gehetztseins und der allgemeinen Nutzlosigkeit allen Strebens. Wir werden müde, weil unsere *Einstellungen* – und damit unsere Empfindungen – in unserem Körper nervöse Spannungen hervorrufen.

Die New Yorker Metropolitan Life Insurance Company (Lebensversicherung) weist in einem Flugblatt auf diese Zusammenhänge hin. Dort heißt es: „Harte Arbeit an und für sich verursacht selten Müdigkeit, die nicht durch einen guten Schlaf oder eine Ruhepause behoben werden kann... Innere Unruhe, Nervosität und gestörtes seelisches Gleichgewicht sind drei der Hauptursachen der Ermüdung. Oft liegen sie zugrunde, wenn *anscheinend* körperliche oder geistige Arbeit daran schuld ist... Man vergesse nicht, daß ein gespannter Muskel ein arbeitender Muskel ist. Entspannt euch! Seine Energie soll man für wichtige Obliegenheiten aufsparen."[25]

Lernerfolg und Gemütsverfassung

In der Elternversammlung sagt Frau Schulz: „Der Lernerfolg ist doch eine Frage der Intelligenz. Hat das Kind genügend Intelligenz, kann es erfolgreich lernen, hat es sie nicht, kann es nicht erfolgreich lernen."

Das klingt einleuchtend, die Wirklichkeit spricht dagegen. Der Erfolg des Lernens hängt von vielen Faktoren ab. Die Begleitmusik ist entscheidend. Der Kopf, der das umfangreiche Wissen aufnehmen soll, sitzt an einem Körper, der mitbestimmt, wie schnell oder wie langsam das Bildungsgut sich in das Gehirn ergießt. Der Kopf ist kein gefühlloser Trichter, in den man uneingeschränkt Wissen hineingießen kann. Der *ganze Mensch* nimmt auf, ist beteiligt oder nicht beteiligt, interessiert oder desinteressiert. Die seelische Gesamtverfassung bestimmt den Lernerfolg. Einige Faktoren schauen wir uns an:

Stimmungslage und Lernerfolg

Leistung und Lernen hängen von der *Stimmung* ab. Ja, wir können überspitzt formulieren: Alle Lebensvorgänge stehen mit dem Gefühl in engster Verbindung.

Heiterkeit, Schwermut, Verdrossenheit, Fröhlichkeit und Behaglichkeit können Motive oder Störfaktoren des Lernens sein.

Das Kind sagt: „Ich fühle mich *bedrängt,* ich fühle mich *bedrückt,* ich fühle mich *gehemmt."*

Oder es sagt: „Ich fühle mich *befreit,* ich fühle mich *beflügelt,* ich fühle mich *wohl."*

Eine ausgeglichene Stimmungslage ist *eine* der Voraussetzungen für erfolgreiches Lernen. Stimmung ist ein Zumutesein. Ausgeglichenheit und Fröhlichkeit reizen zur Teilnahme, wecken Interesse. Schwermut und Resignation lähmen. Hüten wir uns, Stimmungen von vornherein als angeboren zu betrachten. Viele Fachleute glauben es. Alfred Adler widerspricht energisch, wenn er sagt:

„Auch bezüglich der Menschen, deren Einstellung zum Leben und zu seinen Aufgaben allzusehr von einer Stimmung abhängig ist, befindet sich die Psychologie auf einem Irrweg, wenn sie meint, daß das angeborene Erscheinungen sind. Sie fallen alle in den Kreis der überaus ehrgeizigen und daher empfindlichen Naturen, die in ihrer Unzufriedenheit mit dem Leben nach verschiedenen Auswegen suchen."[26]

Die seelische Spannung

Bernds Eltern haben sich gestritten, sprechen seit Tagen kein Wort miteinander. Bernd möchte die beiden wieder versöhnen. Er ist völlig abgelenkt und mit seinen Eltern beschäftigt. Er träumt, ist konzentrationsschwach und lustlos. Wieder ein anderes Kind ist verängstigt, hat bittere Enttäuschungen erlebt, wurde bloßgestellt, in Frage gestellt. Seelische Spannungen blockieren den Lernerfolg.

Die körperliche Verfassung

Ingrid hat schmerzhafte Menstruationsbeschwerden. Ihr ist weinerlich zumute. Sie reagiert empfindlich, ist mit sich beschäftigt und läßt den Unterricht über sich ergehen. Der Lernerfolg ist zeitweilig gestört.

Gisela hat eine Funktionsstörung der Bauchspeicheldrüse. Sie wird dick und dicker, fühlt sich ausgelacht. Sie mag sich selbst nicht leiden und reagiert überall unausstehlich. Ihre Leistungen sind dementsprechend.

Mut und Selbstvertrauen

Entmutigung und Selbstwertstörungen sind Barrieren für den Lernerfolg. Die Kinder seufzen:
    „Ich kann nichts",
    „ich lerne das doch nicht",
    „ich begreife das niemals."

Solche entmutigenden Aussagen untergraben den Lernerfolg. Im Hintergrund steckt Angst. Und Angst macht dumm. Mut und Selbstvertrauen dagegen verraten Freude am Lernen, Freude an der Sache, Freude an der Bereicherung der eigenen Kenntnisse und Bestätigung der geistigen Fähigkeiten. Selbstvertrauen verrät, der Lehrer ist mein Freund, ein Berater, ein Helfer. Ich fühle mich bei ihm aufgehoben. Ich vertraue mich ihm an, wenn ich etwas nicht verstanden habe. Der Erfolg:

Das Kind kann besser *aufnehmen,*
das Kind kann besser *verarbeiten,*
das Kind kann besser *wiedergeben.*

Genügend Freizeit

Ein Kind kann nicht pausenlos lernen, aufnehmen, verarbeiten und wiederholen. Unser Schulsystem trägt dieser Tatsache nicht genügend Rechnung. Die letzten Schulstunden am Vormittag sind anstrengender. Vom Unterricht am Nachmittag ganz zu schweigen. Das Kind ist abgespannt und müde. Am Nachmittag muß es Schularbeiten machen, wiederholen, sich auf neue Fächer und schriftliche Arbeiten präparieren. Die Freizeit ist knapp. Unbewußte Abwehr greift um sich. Professor Metzger hat sich mit dieser Frage auseinandergesetzt und schreibt über die Freizeit der Kinder:

„In einer Zeit, wo wenigstens für den in abhängiger Stellung arbeitenden Erwachsenen der Acht-Stunden-Tag sich von selbst versteht, wo die Gewerkschaften für die Vierzig-Stunden-Woche kämpfen und sogar bereit sind, dafür in den Streik zu treten, fragt niemand nach dem Arbeitstag der Schüler. Auf einer Tagung von Kinderärzten wurde vor einigen Jahren die Zahl von 10–11 Stunden am Tag, das wären 60–66 Wochenstunden, angegeben. Selbst gut durchschnittlich begabte Schüler arbeiten vielfach abends bis 9,10 oder 11 Uhr oder morgens von 5 bis 6 Uhr, also Zeiten, die längst nicht mehr der Erholung, sondern dem Schlaf gehörten ... Auch der Sonntag ist in unserem angeblich so christlichen Land für die Schüler zum selbstverständlichen Arbeitstag geworden ... Der Ausfall der Freizeit, der heute in größeren Familien unvermeidlich noch durch häusliche Pflichten verschärft wird, bedeutet für den jungen Menschen viel mehr als den Verlust der Möglichkeit, sich auszuruhen ... Es bedeutet kurzum das

Zusammenschrumpfen des Lebens auf das öde Einerlei der ‚Erledigung von Aufgaben‘, seine Verarmung auf ein kümmerliches Sklavendasein, die für die geistig-seelische Gesamtentwicklung nur verhängnisvoll sein kann.“[27]

Professor Metzger geht mit der Auffassung gängiger Schulbildung hart ins Gericht. Das Kind sei kein Schwamm, den man pausenlos mit Bildungswasser füllen könne. Ein Schwamm wird nicht müde, zweifelsfrei aber ein Kind. Je voller ein Schwamm, desto mehr kann er auch wieder von sich geben. Das ist beim Kind grundlegend anders. Das Schwammodell, kritisiert Professor Metzger, von dem unsere Schulen und Kultusminister weitgehend ausgingen, mißachte den natürlichen Rhythmus von Arbeit und Erholung.

Fragen zur Selbsterziehung

– Nehme ich die Stimmungslage meiner Kinder wahr? Womit hängt die Stimmungslage unserer Kinder zusammen? Wenn ich die Ursache für eine negative Stimmungslage erkannt habe, versuche ich sie zu ändern? Habe ich mich schon gefragt: Was will eventuell das Kind mit dieser oder jener ostentativ geäußerten Stimmung bezwecken? Sucht es Trost und Verständnis? Oder will es in Ruhe gelassen werden?

– Wie bewerte ich seelische Spannungen im Verhältnis zum Lernerfolg? Halte ich sie für entscheidend, für unwesentlich? Gehe ich den Spannungen auf den Grund?

– Halte ich bei körperlichen Beschwerden eine seelische Beeinflussung für möglich? Kann es sein, daß ich mit dem Kind von Arzt zu Arzt laufe, um von seelischen Schwierigkeiten im Familienleben abzulenken und entlastet zu werden? Neige ich überhaupt dazu, den Schwarzen Peter anderen zuzuschieben, um mich zu entlasten?

– Beurteile ich Entmutigung und Selbstwertstörungen als mangelnde Intelligenz? Bin ich bereit, meine eigenen Verhaltensweisen gegenüber dem Kind zu überprüfen? Versuche ich mit Appellen die Entmutigung aufzulösen? Haben Appelle von Erwachsenen an mich Erfolg, wenn ich als Vater oder Mutter entmutigt und resigniert bin?

– Mache ich mir Gedanken darüber, ob ein Kind überfordert ist? Denke ich darüber nach, ob es genügend Zeit hat für

Freundschaften, Sport und Spiel, für musische Fähigkeiten, für Steckenpferde und Hobbies? Habe ich mir einmal die Mühe gemacht, die Stunden in der Woche auszurechnen, die das Kind für Schularbeiten benötigt? Zu welchen Ergebnissen bin ich gekommen? Können Mißmut, Leistungsstörung, Konzentrationsmangel, das Abschalten in bestimmten Fächern oder völlige Lethargie damit verbunden sein, daß mein Kind einem enormen Druck durch Schule und Elternhaus ausgesetzt ist, dem es sich *aktiv* oder *passiv* entgegenstemmt?

Faulheit oder Ich bin eine Niete

In der Beratung sagt ein Vater:

„Mit meinem Sohn ist es zum Verzweifeln. Er sagt, er sei eine Niete. Ich habe zu ihm gesagt: ‚Selbstverständlich bist du eine Niete. Aber das muß ja nicht sein, streng dich an, und du hörst auf, eine Niete zu sein! Du kannst besser sein als viele andere. Wenn du aber nicht willst, bleibst du auf einem niederen Niveau!‘"

Hält der Vater seinen Sohn für *gleichwertig*? Nein.

Hält der Sohn sich innerhalb der Familie für gleichwertig? Nein. Der Vater ist davon überzeugt, daß der Sohn sich erheblich bessern muß, um respektiert zu werden. Und genau an dieser Stelle liegt der Schlüssel zum Fehlverhalten des Jungen.

Wenn wir uns falsch einschätzen

Der amerikanische Arzt und Individualpsychologe R. Dreikurs hat eine These aufgestellt, die für unser Thema nicht unerheblich ist. Sie lautet: „Jedes persönliche Versagen und destruktive Verhalten kann auf die irrige *Meinung* zurückgeführt werden, wir hätten keinen Wert innerhalb der Gemeinschaft ... Unsere soziale Atmosphäre ist die des Wettkampfes; der Mensch fühlt sich entweder minderwertig, oder er kämpft darum, eine scheinbare Überlegenheit zu wahren."[28]

Jedes persönliche Versagen – auch die Faulheit – ist ein Zeichen von Entmutigung. Das als faul bezeichnete Kind fühlt sich *nicht gleichwertig*. Aber nicht, weil es faul ist, produziert es dieses destruktive Verhalten, sondern weil es sich minderwertig fühlt, kann es sich unter anderem für die Faulheit entscheiden.

Alfred Adler erklärte dieses abwegige Verhalten folgendermaßen: „Es gibt nur einen Grund, wenn ein Mensch auf die unnützliche Seite abbiegt: die Furcht vor einer Niederlage auf der nütz-lichen Seite. In dieser Hinsicht kann man das vergrößerte Minderwertigkeitsgefühl des Patienten, ferner sein Zögern, Haltmachen oder seine Flucht vor der Lösung eines der sozialen Probleme des Lebens (es gibt keine anderen) sehen ... Den Mut, auf der nützlichen Seite vorwärts zu gehen, können natürlich nur diejenigen aufbringen, die sich als ein Teil des Ganzen betrach-ten, die auf dieser Erde, in dieser Menschheit heimisch sind."[29]

Es ist keine Frage, daß die traditionellen Erziehungsmetho-den auf der Erkenntnis beruhen: So wie der Mensch ist, ist er *nicht* gut genug. Wir gehen bewußt oder unbewußt von der An-nahme aus, daß der Mensch *mehr* leistet, *mehr* arbeitet, *mehr* erreicht, *mehr* Erfolg hat, wenn er glaubt, er sei *nicht gut genug.* Diese schlechte Selbsteinschätzung *kann* hier und da erfolgreich sein, in der Regel ist dieser negative Antrieb nutzlos und schäd-lich.

So wie ich bin, bin ich gut genug

In einem Arbeitskreis für angehende Altenpfleger haben wir den Satz diskutiert: So wie ich bin, bin ich gut genug. Von 20 Teil-nehmern konnte keiner überzeugend von sich sagen: „So wie ich bin, bin ich gut genug. So wie ich bin, akzeptiere ich mich."

Wir haben dann gemeinsam zusammengetragen, wer diesen Satz nicht sagen kann und was einen Menschen hindert, sich so zu bejahen, wie er ist.

Wer kann sich nicht akzeptieren, wie er ist?
– Der nicht mit sich *zufrieden* ist, äußerlich und innerlich;
– der sich nicht *geliebt* weiß, sich nicht geliebt *fühlt* – völlig un-abhängig davon, ob sein Gefühl richtig ist oder falsch;
– der nicht genug *Bestätigung* und *Anerkennung* bekommt;
– der *Komplexe* hat und Minderwertigkeitsgefühle;
– der sich *unterdrückt* fühlt;
– der sich niemand *anvertrauen* kann;
– der glaubt, immer *geben* zu müssen, damit er geliebt und ernst genommen wird;
– der sich *unmoralisch* und minderwertig fühlt;
– der glaubt, nicht *liebenswert* zu sein, und der für einen Men-schen des anderen Geschlechts keinerlei Anziehung besitzt;
– der ein *Angeber* ist und ständig sich und der Welt beweisen muß, daß er wer ist und etwas darstellt;

- der glaubt, er dürfe den Satz nicht sagen, um nicht vor anderen Menschen *überheblich* zu erscheinen;
- der glaubt, er könnte dann ja die Hände in den Schoß legen und alles sei gut, weil er ja *perfekt* sei;
- der *Angst* hat zu versagen;
- der um jeden Preis *beweisen* will, daß er nicht minderwertig und wertlos ist.

Gegen diesen Satz „So wie ich bin, bin ich gut genug" laufen die meisten Menschen Sturm. Wir sind alle gegen uns voreingenommen. Was uns weitgehend kennzeichnet, ist unser *Mangel an Vertrauen* in unsere eigene Stärke, ist der Mangel an Vertrauen in unsere Fähigkeiten. Wer *glaubt*, er sei eine Niete, wird alles daran setzen, seinen Glauben zu bestätigen. Er wird unter allen Umständen *erfolgreich sein*, eine Niete zu verkörpern.

Wir haben schon als Kinder gelernt, daß wir, so wie wir waren, nicht genügten, nicht gut genug waren. Nur wenn wir *bessere* Zeugnisse nach Hause brachten, *bessere* Noten erreichten, *mehr* lernten, *mehr* leisteten, *mehr* Geschicklichkeit an den Tag legten und *mehr* arbeiteten, konnten wir unseren Wert beweisen.

Unsere Erziehungsvorstellungen beruhen also auf der Einsicht...

- daß Selbstbejahung den Fortschritt hindert und die menschliche Aktivität und Leistungsfähigkeit lähmt,
- daß Zweifel die Leistungsbereitschaft erhöht und den Arbeitsantrieb steigert,
- daß empfundene Unzulänglichkeiten unsere Lernbereitschaft aus dem Schlafe reißen und zu ungeahnter Tatkraft anstacheln.

Das Gegenteil ist der Fall.

Folgen der Gleichwertigkeitsstörungen

Warum kann ich bei diesen seelischen Gleichwertigkeitsstörungen *nicht* vorwärtsschreiten?

Warum kann ich unter den genannten Voraussetzungen *keine* positiven Beiträge leisten?

1. Bin ich mit mir unzufrieden, drehe ich mich um mich selbst und bin mit mir selbst beschäftigt, neige ich zur Aggression und ziehe mich unter Umständen auf mich selbst zurück.

2. Fühle ich mich nicht genug geliebt, hasse ich die anderen und räche mich bewußt oder unbewußt an Mitmenschen und

bin außerstande, positive Beiträge in der Gemeinschaft zu leisten. Fühle ich mich selbst nicht liebenswert, bin unglücklich mit mir und beneide andere und hasse mich womöglich.

3. Bin ich ein Angeber und Hochstapler, habe ich das Gefühl, daß ich mehr zeigen muß, als ich habe. Durch Übertreibung und Zurschaustellung will ich mein lädiertes Selbstbewußtsein aufbessern.

4. Fühle ich mich nicht genug bestätigt und anerkannt, kritisiere ich die anderen, um selbst im Wert zu steigen. Ich kann die anderen nicht gelten lassen und bin infolgedessen auch nicht kooperativ.

5. Fühle ich mich minderwertig, kann ich zum übertriebenen Ehrgeiz und Geltungsstreben neigen. Oder ich werde lebensuntüchtig, traue mich an keine Aufgaben und Forderungen heran und werde zum Versager.

6. Glaube ich, nur etwas wert zu sein, wenn ich *gebe,* wenn ich für andere da bin, wenn ich Leistungen vorweisen kann, stehe ich damit ständig unter Leistungsdruck. Ständig stehe ich in der Gefahr, mich zu überfordern, und werde mein eigener Sklaven-antreiber.

7. Glaube ich, moralisch minderwertig zu sein, halte ich mich für schlecht und böse, tendiere ich unbewußt zum Pharisäismus und zur Überheblichkeit. Meine Wertlosigkeit hindert mich, Aufgaben anzupacken. Praktisch stelle ich mich *über* Gott, der mich trotz meiner Sünden liebt; ich weise seine Liebe zurück, denn ich gehe mit meiner Schuld härter ins Gericht als Gott.

8. Habe ich Angst, überheblich zu erscheinen, unterbinde ich mein Selbstwertgefühl, um bei anderen Menschen besser anzukommen. Demütiges Verhalten, sich klein machen und untertreiben verfolgen unbewußt das Ziel, negativer Kritik vorzubeugen, den anderen den Wind aus den Segeln zu nehmen und auf diese Weise um Zuneigung und Anerkennung zu werben.

9. Habe ich Angst zu versagen, bin ich ständig auf der Jagd nach Erfolg. Ich muß ja Erfolg vorweisen können, um nicht als Niete zu gelten und als Versager. Ich bin gar nicht in der Lage, mein Bestes zu tun und die Aufmerksamkeit auf die Sache zu richten, sondern ich bin bemüht, mein Ansehen zu verbessern, den Mißerfolg zu verhindern, und verliere die Freude am Handeln und am Leben. Die Psychologie lehrt uns, daß wir niemals zwei Dinge gleichzeitig tun können. Liegt es daran, daß wir so

viele *lustlose* Schüler haben? Sie arbeiten und lernen nicht, um eine schlichte Befriedigung in ihrer Arbeit zu finden, sondern sie lernen, um nicht unzulänglich zu sein.

10. Muß ich mir und anderen um jeden Preis *beweisen,* daß ich nicht wertlos bin, lebe ich ja im Zweifel meines Wertes. Hätte ich genügend Selbstwert, brauchte ich keinen Beweis. Jeder *Erfolg* ist dann nur ein Sekunden-Erfolg, denn Augenblicke später muß ich ja schon wieder auf dem Plan sein, meinen Wert zu beweisen. Die ständige *Bewährungsprobe* torpediert die Freude an der Arbeit. Die Flucht in die Krankheit, Faulheit und Resignation bieten sich geradezu an.

Wir akzeptieren uns, wie wir sind

Wer sich in der Familie, in der Schule, in der Gruppe und in der Gesellschaft nicht gleichwertig fühlt, schreibt mit Riesenlettern über sein Leben:

„Nur wer ständig gegen seine Unzulänglichkeit zu Felde zieht, wird einen Platz in der menschlichen Gesellschaft erhalten."

Sein Leben ist dann ein einziger Kampf mit sich selbst, ein einziger Krampf. Unser Wert hängt dauernd in der Luft. Jeder Schritt ins Leben, ins Büro, in die Schule ist mit Ängsten angefüllt: „Werden nicht neue Mängel ans Licht kommen?" Niemals können wir uns freuen, denn unser gegenwärtiger Wert kann morgen schon in Frage gestellt werden.

– Niemals können wir uns *sicher fühlen,* denn jede neue Prüfung, jede neue Bewährung könnte neue Mängel ans Licht bringen;

– niemals können wir *innerlich ausgeglichen* sein, wenn wir nicht den Wettstreit mit anderen aufgeben und den Konkurrenzstreit;

– niemals können wir *Frieden* mit uns *schließen,* wenn wir nicht den Mut zur Unvollkommenheit aufbringen. Der Mut zur Lücke und der Mut zur Unvollkommenheit geben uns Gelassenheit. Und nur wenn wir innerlich zufrieden, gelassen, ruhig, sicher und fröhlich sind, können wir etwas leisten. Es ist *falsch,* zu sagen, erst muß sich der Mensch bessern, dann kann er respektiert werden. *Richtig* ist, je mehr er sich selbst achtet und von anderen geachtet wird, desto besser kann er positive Beiträge leisten und zum Wohl der anderen beitragen.

Wir haben Wert und Geltung durch unser Dasein und spielen mit unseren Gaben und Fähigkeiten einen Part im großen Orchester.

Wenn Eltern sich nicht selbst annehmen

Was hat die Selbstannahme mit der Faulheit unserer Kinder zu tun? Untersuchungen haben ergeben, wer sich selbst annimmt, kann andere annehmen. Diese Wechselbeziehung ist augenscheinlich. Ein Mensch, der sich selbst bejahen und akzeptieren kann, kann andere Menschen – auch seine Kinder – bejahen und akzeptieren. Der Amerikaner Thomas Gordon, ein erfahrener Familienpädagoge, schreibt dazu:

„Menschen, die vieles an sich selbst nicht tolerieren können, finden vieles an anderen gewöhnlich schwer zu tolerieren ... Eltern, die ihre eigenen Bedürfnisse durch unabhängige produktive Leistung befriedigen, nehmen nicht nur sich selbst an, sondern *brauchen die Befriedigung ihrer Bedürfnisse auch nicht in der Art des Verhaltens ihrer Kinder zu suchen.* Sie haben es nicht nötig, daß sich ihre Kinder auf bestimmte Weise entwickeln."[30]

Wo liegt die Gefahr?

Eltern, die sich nicht akzeptieren, haben es *nötig*, daß sich ihre Kinder nach ihren überzeichneten Vorstellungen entwickeln. Sie fordern mehr, kritisieren mehr und erregen sich mehr als nötig. Sie *brauchen* es, stolz auf ihre Kinder zu sein; sie brauchen es, daß sich ihre Kinder so verhalten, daß sie mit anderen Eltern konkurrieren können, daß sie ihre Kinder vorzeigen können. Sie *benutzen* ihre Kinder, um ihren Eigenwert zu erhöhen und ihre Selbstachtung zu vergrößern.

Faulheit oder Wenn der Pessimismus
Pate steht

Pessimismus ist ein Unkraut, das jeden fruchtbaren Acker verdirbt. Es gehört zu den Giftpflanzen, die schonungslos ausgerupft werden müssen.

Wie reagiert das Kind auf pessimistische Lebenseinstellungen? Das Kind wächst in einer Familie auf, in der Lernerfolge, Leistungen und positive Verhaltensweisen in Frage gestellt sind.

Wie entwickelt sich Pessimismus?

Im Umgang mit Familienangehörigen macht das Kind Beobachtungen und Erfahrungen. Und das Entscheidende: es zieht seine Schlüsse. Es verarbeitet das Material aus Vererbung und Umwelt und gewinnt eine bestimmte Überzeugung, es *schafft* sich seinen individuellen Lebensstil. Schon das kleine Lebewesen weiß, wie es aus bestimmten Verhaltensweisen der anderen Kapital schlagen und Wasser auf seine Mühlen leiten kann. Dieser Lebensstil, den das Kind *entworfen* und *entwickelt* hat, charakterisiert seine Persönlichkeit und zeigt, welche Meinung es über die Mitwelt, über das Leben, über die Arbeit und über die Schule hat. Die ganze Lebensfront des Menschen kommt darin zur Sprache.

Pessimistische Eltern haben oft pessimistische Kinder. Sie haben den Glauben an sich verloren. Sie sehen die Welt als Jammertal, nehmen das Leben schwer, erkennen überall zuerst die Schattenseiten, die Nachteile, die Wolken, die Sackgassen, die Mißerfolge. Solche Menschen gehen furchtsam an die Lebensaufgaben heran. Sie trauen sich nichts zu, gehen Aufgaben und Problemen aus dem Wege, treten auf der Stelle, resignieren und wundern sich, wenn ihre Kinder in die gleichen Fußstapfen treten.

Faulheit und Pessimismus sind oft verzahnt. Der Faule kneift.

Er ist von seiner Erfolglosigkeit überzeugt. Seine Fähigkeiten hält er für unzulänglich, seine Ausdauer für minimal und seine Leistungen für mangelhaft. Pessimistische Faule sehen ihr gesamtes Leben durch eine dunkle Brille. Den Mißerfolg im Leben sehen sie auf sich zukommen. Gleichzeitig fühlen sie sich unverantwortlich. Denn die anderen sind schuld: die Lehrer, die böse Gesellschaft und die ehrgeizigen Eltern. Sie selbst sind Opfer. Wer sich aber als Kind für die pessimistische Grundeinstellung *entscheidet*, wird oft bis in die Haltung und die Physiognomie geprägt. Der Mangel an Lebensfreude, die Erwartung von Unglücksfällen, Verspätungen, mißglückten Unternehmungen und Zurücksetzungen spiegeln sich in den Gesichtszügen wider. Es fehlen Mut und Entschlossenheit. Selbst die Art zu sprechen verrät die pessimistische Haltung. Das Mißtrauen in die eigene Kraft, der Zweifel an allem untergraben die Aktivität. Alfred Adler hat diese Lebensgrundeinstellung treffend charakterisiert:

„Der kategorische Imperativ des Melancholischen lautet demnach: ‚Handle, denke und fühle so, als ob das schreckliche Schicksal, das du an die Wand malst, bereits über dich hereingebrochen oder unabwendbar wäre.'"[31] Auf den pessimistischen, faulen Schüler angewendet, heißt das:

„Handle so, als wärst du schon sitzengeblieben."

„Handle so, als wärst du schon von der Schule geflogen."

Der Pessimist *weiß*, daß das Unheil nicht aufzuhalten ist.

Pessimistische Eltern haben pessimistische Kinder

Familie Schreiber hat fünf Kinder, die wie die Orgelpfeifen den Altersabstand charakterisieren. Jedes Jahr ein Kind. Das jüngste ist sieben Jahre alt, die älteste Tochter ist zwölf Jahre alt. Zwei Mädchen und drei Jungen. Alle fünf Kinder sind nach Angaben der Lehrer begabungsschwach, nach Angaben der Eltern *dumm* und *faul*. Aus der Beratung mit dem Vater gebe ich markante Anmerkungen wieder:

„Da ist aber auch keins drunter, das sich für die Schule interessiert",

„die haben nur Spielen und Dummheiten im Kopf",

„wir haben den Kindern schon hundertmal gesagt, daß sie bessere Leistungen bringen können",

„zwei mußten wir zur Schule zwingen",

„die Älteste ist nicht nur stinkend faul, sie drückt sich auch, wie und wo sie kann",

„wir schimpfen uns die Lunge aus dem Halse heraus",

„Freude macht uns kein Kind."

Ich frage den Vater:

„Was können Sie Positives von Ihren Kindern sagen?"

Vater:

„Ob mir was Positives einfällt? Ich wüßte nichts."

Die Mutter ist eine vollendete Schwarzseherin. Sie glaubt an nichts. Sie zieht alles in Zweifel. Sie kann sogar den Satz sagen: „Ich traue mir selbst an keiner Stelle über den Weg."

Die Mutter glaubt nicht an eine Besserung, hält Erziehungsberatung für Unsinn und ist der festen Überzeugung, daß doch alles schief läuft.

Ein halbes Jahr später verunglückt die Mutter tödlich. Verwandte der Frau sollen geäußert haben, daß sich die Frau mehr oder weniger unbewußt aus dem Leben gestohlen habe. Der Vater heiratet schon nach einem Vierteljahr wieder, und zwar eine sehr mütterliche, hingabevolle, optimistische und lebensbejahende Frau. Sie sieht die kinderreiche Familie als Lebensaufgabe an. Acht Tage nach der kirchlichen Trauung erscheint sie in der Beratung. Sie *will* Beratung für die Erziehung der Kinder. Ihre Einstellung ist bewundernswert.

„Die Kinder sind so bildungsfähig, da steckt vieles drin. Ich bin davon überzeugt. Am Wochenende haben mir alle Kinder Märchen der Gebrüder Grimm vorgelesen. Den ganzen Nachmittag. Ich wollte Schluß machen, aber sie gaben keine Ruhe. Sie sind so dankbar, sie freuen sich über die kleinste Anerkennung. Ich habe sie einzeln umarmt."

Eine Mutter glaubt an ihre Kinder

Mit diesem Satz haben wir den Schlüssel zur Verhaltensänderung der Kinder in der Hand. Wer seinen Kindern etwas zutraut, verstärkt ihren Mut. Wer ihnen nichts zutraut, untergräbt ihren Mut. Wer Zuversicht ausstrahlt, ermutigt und fördert die Lernbereitschaft. Was hat den Wandel der Kinder bewirkt?

– Die zweite Mutter sieht die Kinder mit anderen Augen. Sie *glaubt* an die Kinder. Sie erwartet etwas von ihnen. Und diese Erwartungen werden nicht enttäuscht.

– Die zweite Mutter kann bestätigen und anerkennen. Die Geste der Umarmung war für alle Kinder eine handfeste Ermutigung. Sie versteht es, die Minderwertigkeitsgefühle, die Unzulänglichkeitsgefühle auf diesem oder jenem Gebiet zu überwinden. Sie befreit die Kinder von der tiefverwurzelten Überzeugung: „Wir sind ungeliebt, wir leisten doch nichts, und aus uns wird nichts."
– Pessimismus ist ihr fremd. Sie hätte sonst den Mann mit den fünf Kindern gar nicht geheiratet. Sie fordert von ihren Kindern etwas, weil sie fest davon überzeugt ist, daß sie es leisten werden.
– Die zweite Mutter unterläßt die ständige Kritik und eine pausenlose Anfeuerung. Ständige Anfeuerungen werden als Vorwürfe und Kritik empfunden.

Pessimismus als Bremse

Pessimistische Faule sind durch negative Erfahrungen, die sie *gemacht* haben, auf die sie immer wieder hingewiesen und auf die sie *fixiert* wurden, zu chronischen Schwarzsehern geworden. Sie *erwarten* Fehlschläge, schlechte Noten und Kritik. Ihre negativen Erwartungen erfüllen sich, die erwarteten Fehlschläge kommen wie Ebbe und Flut.

Das *konstitutive* Element des Pessimismus sollte man auf keinen Fall überbetonen. Es genügt schon die pessimistische, entmutigende und resignierende Lebensart eines Elternteils, um pessimistisches Verhalten zu provozieren. Pessimismus wirkt wie eine pädagogische Bremse. Jede Aktivität wird gelähmt, alle Fortschritte bezweifelt, alle Verbesserungen in Frage gestellt. Wie äußert sich in Gesprächen der pessimistische Stil?

„Ich kann mir nicht vorstellen, daß daraus jemals etwas wird",
„das schaffst du *niemals,* wenn du so weitermachst",
„alles ist vertane Zeit",
„ich glaube *nichts* davon, daß du dir Mühe geben willst, um die miserablen Noten zu ändern."

Warum soll das Kind sich noch Mühe geben? Wozu soll es sich anstrengen? Ihm ist doch von den alles wissenden Eltern bescheinigt worden, daß *alles* sinnlos ist, daß es *niemals* die Versetzung schaffen wird, daß es *nichts* leistet, daß der Schulbesuch *hoffnungslos* ist, daß die Schulsituation völlig *ausweglos* ist, daß

Nachhilfestunden *zwecklos* sind, daß alles Reden und Schimpfen *nutzlos* bleibt.

Ich wundere mich oft, daß sich die Eltern angesichts solchen Pessimismus und solcher pessimistischen Aussagen wundern, wenn ihre Kinder die Hände in den Schoß legen, die Hoffnung wirklich aufgeben und sich hinter der Faulheit verschanzen.

Was wollen Kinder mit Pessimismus bezwecken?

Die Entmutigung der Eltern hat auch die Haltung und Zielsetzung der Kinder geprägt. Sie haben sich den Pessimismus zu eigen gemacht. Sie sagen:

„Bei mir ist Hopfen und Malz verloren",

„es hat doch alles keinen Zweck",

„geben Sie sich bloß keine Mühe, bei mir lohnt das nicht",

„wenn Sie sich mit mir abgeben, ist das vertane Zeit",

„was ich anpacke, geht doch schief."

Welche unbewußten Ziele können faule Kinder mit dieser Haltung bezwecken?

– Sie wollen in Ruhe gelassen werden. Sie ruhen sich auf den Lorbeeren ihrer Unfähigkeit aus;

– diese Kinder berufen sich auf ihre *angeborene* Minderwertigkeit, auf ihre schicksalhafte Unterbegabung. Sie frönen ihrer Faulheit und Untüchtigkeit und haben eine entsprechende Entschuldigung zur Hand;

– die Furcht vor Mißerfolg und die Angst, den Erwartungen der Eltern und Lehrer nicht gerecht zu werden, benutzt das Kind, um in pessimistische Vorstellungen zu flüchten. In der Vorstellung nimmt das Kind die Niederlagen vorweg. Es glaubt an die Katastrophe. Alle Fehlschläge werden vorausgesagt, und sie treffen ein;

– der Glaube an den Mißerfolg wird zum *Schicksals-Aberglauben*. Es kommt, wie es kommen muß. Alles ist vorherbestimmt. Der Schüler beruft sich auf einen unerklärlichen Determinismus. Er erschleicht sich damit das Recht, die Hände in den Schoß zu legen. Der Schicksals-Aberglaube ist wunderbar geeignet, die Verantwortung abzuschieben. Gegen das Schicksal ist kein Kraut gewachsen. Das Alibi ist perfekt, der Pessimismus zahlt sich aus. Die Faulheit muß respektiert werden.

Faulheit und Ungeschicklichkeit

Viele Menschen sind fest davon überzeugt, daß menschliches Verhalten eine objektive Auskunft über die Persönlichkeit des Menschen gibt. Wie sich der Mensch verhält, so ist er. Sein Verhalten spiegelt seine unverwechselbare Persönlichkeit wider. Stimmt das wirklich?

Faulheit und Lustlosigkeit

Peter, zwölf Jahre alt, soll seinen Eltern helfen, die gerade ein Reihenhaus bezogen haben, den Steingarten anzulegen. Vater und Mutter mühen sich redlich auf dem steinigen Boden ab. Der Sohn steht mit Händen in den Hosentaschen dabei und langweilt sich. Er *soll* mitarbeiten und will nicht. Die Mutter schimpft mit unterdrückter Stimme vor sich hin, der Vater spricht unverhohlen Drohungen gegen Peter aus. Schließlich läßt er sich herab, zaghaft einige Steinchen aufzulesen. Sein Arbeitstempo liegt etwas über der Nullinie. Seine Begeisterung einige Grade darunter. Und die entmutigenden Gespräche seiner Eltern sind alles andere als anfeuernd. Mit einem Wort: Der Junge hat keine Lust.

Zwei Tage später ein anderes Bild. Einige Häuser weiter arbeiten ebenfalls die stolzen Besitzer eines Reihenhauses an ihren Beeten und dringen mit Hacke und Spaten in den steinigen Boden ein. Die zwölfjährige Tochter, eine frühentwickelte kleine Dame, hilft kräftig mit. Sie trägt mit der Mutter schwere Eimer Bauschutt fort, der auf dem Grundstück abgelagert ist. Peter mag die Inge von nebenan. Sie mag ihn auch. Beide besuchen die Realschule, wenn auch in verschiedenen Klassen. Inge fragt den Nachbarjungen: „Hilfst du mir etwas?"

Peter ist gleich Feuer und Flamme. Ungeahnte Kräfte schlummern in dem aufgeschossenen Jungen. Er faßt zu – für zwei. Wir schauen uns den Vorgang an und ziehen einige Schlüsse.

1. Wir unterscheiden ein *eigentliches* und *uneigentliches* Verhalten. Das *eigentliche* Verhalten entspricht dem Lebensstil des Menschen, seinem inneren Selbstbild. Das *uneigentliche* Verhalten ist – wie in unserem Beispiel – von der zwischenmenschlichen Situation abhängig. Was man von uns erwartet und wie man uns begegnet, fördert, verstärkt oder hemmt unser Verhalten. Die Eltern des Peter verstanden es, durch entmutigende Kritik die Lust und die Freude an der gemeinsamen Arbeit zu torpedieren.

2. Sozialpsychologisch gesehen, gibt es keine Individualität oder eine Persönlichkeit, die sich *statisch* fest und berechenbar verhält. Der Mensch ist ein offenes Wesen, er kann sich in dieser Situation so und in einer anderen anders verhalten. Ein anschauliches Beispiel dafür beschreibt der amerikanische Analytiker Rollo May:

„Nehmen wir an, ich sei ein allmächtiger Physiologe, der Physiologie und Chemie vollkommen beherrscht und die molekularen Vorgänge in Ihrem Hirn in jedem Augenblick überschaut. Mit diesem Wissen ausgerüstet, kann ich präzise voraussagen, was Sie aufgrund der Mechanismen, die in Ihrem Gehirn ablaufen, tun werden, da Ihr Verhalten, das bewußte und verbale Verhalten eingeschlossen, absolut den neuralen Funktionen entspricht. Dies gilt jedoch nur, wenn ich meine Voraussage vor Ihnen verheimliche. Teile ich Ihnen dagegen mit, was ich aufgrund meiner umfassenden Kenntnis Ihres Gehirns über Ihr künftiges Tun weiß, so habe ich die Physiologie Ihres Gehirns durch diese Information bereits verändert. Das wiederum versetzt Sie in die Lage, sich ganz anders zu verhalten, als ich vorausgesagt habe. Müßte ich versuchen, von vornherein die Wirkung dessen, was ich Ihnen vorhersage, in Betracht zu ziehen, so wäre ich dazu verdammt, mich endlos im Kreise zu drehen, in dem Bemühen, Rücksicht zu nehmen auf die Auswirkungen der Rücksichtnahme auf die Auswirkungen der Rücksichtnahme auf die Auswirkungen der Rücksichtnahme.“[32]

Der Mensch ist nicht kausal-mechanistisch festgelegt. Der Mensch ist ein Wesen, das, in beschränktem Maß selbstverständlich, *Freiheit* besitzt. Er reagiert nicht nur, sondern verfolgt Ziele. Er ist im besten Sinne ein Mitschöpfer seines Schicksals. Er ist nicht nur ein Getriebener, sondern ein Handelnder.

3. Peter hat keinen schillernden Charakter, denn der Charakter eines Menschen ist *einheitlich*. Er hat nicht zwei Seelen in

seiner Brust, die der Dichter zum geflügelten Wort erhoben hat. Der Charakter eines Menschen bildet eine Einheit. Wir entdekken ihn auch bei Peter, wenn wir das *gemeinsame Ziel* der widersprüchlichen Verhaltensweisen klar herausgestellt haben.

Welche Erkenntnisse können wir ableiten?

1. Ungeschicklichkeit ist Trumpf.
Wir können auch formulieren: Ungeschicklichkeit ist Trick. „Viele Wege führen nach Rom". Auf scheinbar entgegengesetzten Wegen können wir ans Ziel gelangen. Das gilt auch für menschliche Verhaltensweisen.

Kommen wir auf den zwölfjährigen Peter zurück. Im eigenen Vorgarten verhält er sich faul und arbeitsscheu. In Nachbars Garten arbeitet er wie ein Berserker. Wie bringen wir diese sich widersprechende Charakterzüge zusammen? Peters Mutter ist eine schnelle und flinke Frau. Sie hat geschickte Hände und schafft im Handumdrehen ihre Arbeit. Sie arbeitet gern. Ihr Wahlspruch lautet:

„Arbeit ist das Salz des Lebens." Im Umgang mit der Mutter hat Peter von klein auf seine Konsequenzen gezogen. Er läßt die Mutter arbeiten. Er will ihr nicht die Arbeit wegnehmen und will ihr keine Konkurrenz machen. Peter hat eine besondere Technik entwickelt, unbewußt natürlich, die im Familienverband bisher gut funktioniert hat. Er hat sich eine beneidenswerte Ungeschicklichkeit angeeignet. Man kann ihn nicht gebrauchen, nicht anstellen, für gemeinsame Arbeit nicht einsetzen. Mutter sagt von ihm: „Er ist tolpatschig." „So etwas Plumpes habe ich noch nicht gesehen!"

„Wenn Peter zupackt, hält er nur auf."

„Wenn der einen Eimer in die Hand nimmt, wirft er ihn bestimmt um!" „Arbeiten kann Peter nicht, er hat so steife Finger, daß er unser Porzellan sofort zerbricht." Peter kommentiert seine häuslichen Arbeitseinsätze entsprechend:

„Ich kann das nicht."

„Das geht bestimmt schief, wenn ich das in die Hand nehme."

„Du kannst das besser als ich."

2. Menschliches Verhalten ist *zielgerichtet*.
Das Ziel, auf das hin wir uns alle Ausdrucksbewegungen eines Menschen gerichtet denken müssen, kommt unter dem Einfluß

der Eindrücke zustande, die dem Kind durch die Außenwelt vermittelt werden. Es ist wichtig, daß man die Einzelerscheinungen im Seelenleben nie als ein für sich abgeschlossenes Ganzes betrachten darf, sondern nur dann für sie ein Verständnis gewinnen kann, wenn man alle Erscheinungen des Seelenlebens als Teile eines untrennbaren Ganzen versteht und versucht, die *Bewegungslinie* oder den *Lebensstil* eines Menschen aufzudecken. Der Mensch zieht aus der Fülle seiner Erfahrungen immer nur bestimmte Nutzanwendungen.

3. Peter ist nicht dumm, weil er sich dumm anstellt.

Im Gegenteil. Peter verhält sich nach seiner eigenen Lebensauffassung klug, um sich vor Arbeitsanforderungen zu drücken. Peter hat keine *angeborene* Tolpatschigkeit. Seine Ungeschicklichkeit ist kein Erbfehler. Unfähigkeit wird von Peter als *Schutz* benutzt. Offensichtlich hat er bisher sein Ziel erreicht. Man hat ihn in Ruhe gelassen.

4. Durch Schimpfen und Drohungen wird das Kind beachtet.

Viele Eltern machen sich nicht klar, daß Kritik, Schimpfworte, Drohungen und selbst Schläge für das Kind noch Zuwendung bedeuten können. Wer einen Menschen beschimpft, nimmt ihn noch ernst, wendet sich ihm zu. Völlige Nichtbeachtung ist der Tod der Gemeinschaft. Darum schreiben Rudolf Dreikurs und Erik Blumenthal:

„Das Kind wird so lange wie möglich versuchen, auf sozial anerkannte Weise zu bekommen, was es bedarf … Kinder lassen sich lieber schlagen, als unbeachtet zu bleiben. Wenn ein Kind ignoriert und mit Gleichgültigkeit behandelt wird, fühlt es sich völlig ausgeschlossen, zurückgewiesen und ohne einen Platz in der Gruppe."[33]

Faulheit und Vergeßlichkeit

Die Neigung eines Schülers, sein Wissen anzuwenden, hängt von seiner *Einstellung* zum Gelernten ab. Unbeliebte Dinge werden gewöhnlich schnell vergessen. Woran liegt das? Viele Eltern und Kinder klagen über Konzentrationsmangel und ein schlechtes Gedächtnis. Sind jene Kinder biologisch benachteiligt, oder spielen andere Faktoren eine Rolle?

Biochemie des Gedächtnisses

Eine Reihe von Wissenschaftlern in Ost und West beschäftigt sich heute schon mit den funktionellen Nahtstellen zwischen Eiweiß-Molekülen und geistigen Fähigkeiten. Die chemisch-pharmakologische Grundlagenforschung ist einen Schritt weitergekommen. Sie hat herausgefunden, daß Gedächtnisinhalte Nukleinsäuren imprägnieren bzw. Eiweißmoleküle in gewissen Hirnregionen. Sie werden dort abrufbereit gespeichert. So jedenfalls haben Tierversuche ergeben. Allerdings ist es höchst fraglich, wie man vom angelernten Verhalten niederer Wirbeltiere (Mäuse, Ratten usw.) auch auf die Lern-Gedächtnis-Funktionen beim Menschen schließen kann. Generationen von Wissenschaftlern haben in früheren Zeiten vergeblich versucht, geistige Fähigkeiten chemisch-physikalisch zu interpretieren. Doch das Erfahrungsmaterial der Molekular-Chemie wächst. Heute ist es immerhin schon möglich, zum Beispiel eine Form schweren angeborenen Intelligenzmangels mit relativ gutem Erfolg zu behandeln. Die genetisch bedingte Störung im Eiweißstoffwechsel – ein sogenannter Enzymdefekt des Gehirns – ist die Ursache.

Jetzt ist es den Hirnforschern gelungen, im Gehirn sogenannte Gedächtnismoleküle nachzuweisen. Jede Erinnerung wird im

Gehirn festgehalten mit Hilfe bestimmter Substanzen. Ankommende Information werden durch sie in die Denkmasse Gehirn eingraviert wie Musik in die Rillen einer Schallplatte. Der amerikanische Professor George Unger, einer der Entdecker der Gedächtnissubstanzen, der zwei Gedächtnismoleküle analysierte und sie chemisch nachbaute, formuliert: „Ob es uns behagt oder nicht, wir müssen heute davon ausgehen, daß unser Gehirn letztlich ein Behältnis und Abspielgerät ist für Millionen Denkmoleküle. Es wird zwar nicht lange dauern, bis wir die Mittel und Wege haben werden, in der gleichen Art erste nützliche Wissensmoleküle für das menschliche Gehirn anzufertigen, wenn es auch nicht gleich der Kursus ‚Französisch für Anfänger‘ sein dürfte."[34]

In Tierexperimenten haben sich Forscher solcher Gedächtnismoleküle bemächtigt. Sie trainierten Ratten, Mäusen, Goldfischen, Küken und anderen Versuchstieren ganz bestimmte neue Erfahrungen an und untersuchten dann, ob sich die so nun entstehenden Moleküle herausfiltern und von Kopf zu Kopf übertragen ließen. Es klappte. Komplizierte Erfahrungen wurden per Spritze aus einem Gehirn ins andere transportiert. Plattwürmern wurde auf diesem Wege beigebracht, wie man einem elektrischen Gitter ausweicht. Fische erfuhren per Injektionen neue Schwimmtechniken. Ratten lernten Dunkelheit fürchten. Die Analyse der Forscher ergab, daß es sich bei den Gedächtnisstoffen um eine eiweißartige Substanz handelt. Die Forscher hatten aus 10 Pfund Rattenhirnen 1,5 tausendstel Gramm wirksamer Substanz herausgefiltert. Diese 1,5 tausendstel Gramm bestanden aus einem einzigen Stoff. Er hatte die angelernte Furcht vor dem Dunklen in den Rattenhirnen festgehalten. Professor Unger gab diesem Stoff den Namen „Scotophobin" (Dunkelangst). Ein deutscher Chemiker stellte schließlich *künstlich* diesen Stoff her und schickte ihn Professor Unger. Der spritzte Ratten diese künstliche Substanz ein. Der Erfolg: Die Ratten hockten ängstlich vor dem Eingang, gerieten in Panik und rannten davon, als hätten sie die Dunkelangst leibhaftig selbst erlebt. Auch anderen Tieren verabreichte man das Dunkel-Furcht-Pulver Scotophobin. Sie gerieten in ebensolche Panik, nachdem ihnen das Pulver eingespritzt war. Professor Unger will demnächst einen Selbstversuch starten, um das Mittel an sich selbst auszuprobieren. Er ist fest davon überzeugt, daß auch der Mensch auf diese Substanz reagiert. Völlig ungeklärt ist bis heute – und das ist im Zusam-

menhang unseres Themas aktuell –, warum das Gehirn unge-
zählte Informationen „vergißt", warum das Gehirn nur bestimmte Erlebnisse und Eindrücke produziert und andere
verzerrt und entstellt wiedergibt.

Gedächtnis und Lebensstil

Wenn wir sagen, das Gedächtnis sei wie eine Schallplatte angelegt, ist der Vergleich wissenschaftlich äußerst anfechtbar. Aber
hier und da müssen wir simplifizieren, um uns komplizierte Vorgänge verständlich zu machen. Benutzen wir aber das Beispiel
mit der Schallplatte, wie es selbst von Fachwissenschaftlern zur
Illustration benutzt wird, kommen wir schnell in Schwierigkeiten. Denn wenn wir bestimmte Erlebnisse, Informationen oder
Erinnerungen „ablaufen" lassen wollen, streikt plötzlich die
„Schallplatte". Was hemmt die Rückerinnerung? Wodurch sind
viele Erinnerungen und Erfahrungen verfälscht worden? Was
hindert die Reproduktion?

Wenn es für uns sinnvoll ist, können wir uns an Namen, Vokabeln, Daten und Geschehnisse genau erinnern. Herrscht ein
Mangel an Interesse vor, beklagen wir uns über ein schlechtes,
ein kurzes, ein schwaches und löchriges Gedächtnis. Wir erleben,
daß wir uns, scheinbar gegen unseren Willen, an etwas erinnern
oder nicht erinnern. Es gibt Gedanken und Vorstellungen, die
sind wie ausgelöscht, und es gibt andere, die wir nicht abschüt-
teln können, die von uns Besitz ergriffen haben.

Alfred Adler hat das Gedächtnis so charakterisiert:

„Ich konnte die Feststellung älterer Autoren bestätigen, daß
das Gedächtnis *keinesfalls* als ein Sammelplatz von Eindrücken
und Empfindungen anzusehen ist ... sondern, daß wir es in dieser
Funktion mit einer Teilkraft des einheitlichen Seelenlebens zu
tun haben, des Ichs, das die Aufgabe hat, wie auch die Wahrnehmung sie hat, Eindrücke dem fertigen Lebensstil anzupas-
sen und sie in seinem Sinn zu verwenden. Wollte man sich einer
kannibalischen Ausdrucksweise bedienen, so könnte man sagen,
die Aufgabe des Gedächtnisses ist, Eindrücke aufzufressen und
zu verdauen ... Der Verdauungsprozeß aber obliegt dem Lebensstil. Was ihm nicht schmeckt, wird verworfen, vergessen
oder als warnendes Exempel aufbewahrt. Der Lebensstil entscheidet."[35]

Der Lebensstil also, meine persönliche Gangart, meine persönliche Schau und Einstellung zum Leben, zu Menschen, zu Werten und zu Gott, trifft die Auswahl. Jede Erinnerung erfährt also eine Bearbeitung durch das Ich. Worte, Gefühle, Stellungnahmen, Fakten und Einzelheiten werden in diesem Verdauungsprozeß verworfen oder aufgenommen. Erlebnisse können umgedeutet, Einzelheiten vergessen, Worte mißverstanden und ganze Aspekte ausgelassen werden. Unsere private Intelligenz, unsere private Logik ist der Ausdruck unserer wahren Absichten. Unsere Ziele stimmen sehr oft mit unserem Gewissen nicht überein. Das Gewissen sagt:

Du mußt die Vokabeln lernen,
du mußt in der Schule aufpassen,
du hast noch nicht das Gedicht auswendig gelernt,
du sollst deine Eltern lieben,
du mußt dich konzentrieren,
du solltest die Geschichtszahlen wiederholen,
du darfst nicht abschreiben.

Unsere verborgenen Absichten, unsere geheimen Ziele laufen dem Gewissen zuwider. Folglich produzieren wir Kopfschmerzen, Konzentrationsschwäche – und vergessen. Wir entschuldigen uns, daß wir so schlecht lernen können und schieben ein schwaches Gedächtnis und chronische Konzentrationsschwierigkeiten vor. Die persönliche Auswahl der Eindrücke ist niemals sachlich orientiert. Ist das persönliche, unbewußte Ziel des Menschen auf Sicherung des Persönlichkeitsgefühls gerichtet, so werden Erinnerungen, die zur Stützung des Persönlichkeitsgefühls geeignet sind, behalten. Besteht eine pessimistische Grundtendenz, dann behält das Ich gern die ungünstigen Erlebnisse in Erinnerung. Nur so sind die vielfältigen Erinnerungstäuschungen erklärlich. Der Mensch hält eben für wahr, was er für wahr halten *will*. Das übrige wird verdrängt und vergessen. Mit anderen Worten: Was ich liebe, darauf kann ich mich konzentrieren. Was ich hasse, dem gehe ich aus dem Wege. Ein Mädchen, das häufig eine Verabredung mit dem liebsten Menschen *vergißt*, liebt zweifellos diesen Menschen nicht. Unbewußt wehrt es sich gegen die Verabredung. Ein leidenschaftlicher Fußballfan vergißt nicht die Spieltermine seines Vereins. Ein Junge, der sich brennend für die Heldentaten des Asterix interessiert, kann die Seitenzahlen der Bücher angeben, wo die Taten beschrieben sind. Er vergißt die Einzelheiten nicht.

Eduard ist sechs Jahre alt und kommt zur Schule. Er hat vor einem halben Jahr noch ein Schwesterchen bekommen, das von der Mutter natürlicherweise sehr umsorgt wird. Eduard ist eifersüchtig und hat den neuen Tornister, den die Mutter gekauft hat, in die Ecke gefeuert. Er will nicht zur Schule, er will zu Hause bleiben. Auch den Kindergarten hat er satt. Vor der Geburt des Schwesterchens ging er gern in den Kindergarten. Die Eltern müssen ihn mehr oder weniger zur Schule zwingen. Er wehrt sich und weint. Der Tornister muß ihm umgehängt werden. Wenn er mittags von der Schule kommt, hat er alles vergessen. In der Schule sitzt er und träumt. Er wird ausgeschimpft, die Mutter ist tief unglücklich und läßt ihre Unzufriedenheit an Eduard aus. Eine junge Lehrerin nimmt Eduard in den Förderunterricht. Sie stellt sofort fest, daß er intelligent genug ist, die Aufgaben zu lösen. Er operiert aber mit einer Methode, die eine große Gleichgültigkeit verrät. Auf alle Fragen antwortet er stets stereotyp:

„Weiß ich nicht, hab' ich vergessen!"

Gespräche mit Eltern und Lehrern ergeben!

- Das Kind ist von unbändiger *Eifersucht* erfaßt. Sechs Jahre stand es im Mittelpunkt des Interesses. Plötzlich wird es entthront. Es kann die schwerwiegenden Lebenseinschnitte (Geburt der Schwester und Schulbeginn) nicht verkraften. Es reagiert mit Widerwillen, Abwehr und Interesselosigkeit.
- Eduard *benutzt* die Gleichgültigkeit und *Gedächtnisschwäche*. Er will nicht zur Schule. Er will die Liebe der Mutter erfahren. Eduard ist böse auf die Mutter und eifersüchtig auf die Schwester, die morgens – wenn er in der Schule sitzt – auf Mutters Schoß hockt.
- Schimpfen, Vorhaltungen und Kritik haben den Widerwillen vergrößert. Er schreibt mit „kraftlosen Fingern", wie ein Lehrer formulierte. Das völlige Desinteresse spiegelt sich in hochgradiger Vergeßlichkeit und fehlender Muskelspannung wider. Er unternimmt nichts, um zu lernen und Aufgaben zu behalten. Geistesabwesend kritzelt er etwas vor sich hin.

Konzentrationsstörungen sind bei Eduard eine Folge von Eifersucht und Neid.

„Denn wo Eifersucht und Streitsucht sind, da gibt es Unordnung und jegliche Art von schlechtem Tun", schreibt schon die Bibel im Jakobusbrief[36].

Eifersucht ist niemals ein partielles Problem. Es ist eine Art Gesamtzustand, von dem der Mensch in seinen Beziehungen zur Umgebung fundamental erfaßt wird. Der Eifersüchtige ist blind, von Sinnen, fühlt und reagiert unangemessen und ist in seinem Denken und Verhalten irritiert. Daß die Schule dabei keine Ausnahme bildet, macht das Beispiel des kleinen Eduard deutlich.

Eifersucht und Neid sind in der Tat für viele menschliche Fehlverhaltensformen und Verhaltensstörungen verantwortlich. Das „grünäugige Ungeheuer", wie es Shakespeare beschrieben hat, kann den Menschen selbst und die zwischenmenschlichen Beziehungen ruinieren.

Die amerikanischen Erziehungs- und Eheberater Marguerite und Willard Beecher schrieben über die Eifersucht und ihre Begleiterscheinungen:

„Die Eifersucht wird gewöhnlich als Emotion angesehen. Deshalb ist hier die Feststellung wichtig, daß sie eine umfassende Veränderung der ganzen Art des Sehens und Handelns darstellt. Wenn wir sagen, ein Mensch leide an Eifersucht, dürfen wir nicht glauben, es handele sich nur um eine Beunruhigung seiner Gefühle. Wir müssen erkennen, daß er in einer Fessel gefangen ist, die sein ganzes Tun einschränkt und in eine andere Richtung lenkt – es verzerrt und verdüstert. Wir müssen erkennen, daß diesem Menschen ein spontanes, glückliches Leben unmöglich ist, solange er seiner falschen Vorstellung verhaftet bleibt... Wie wir feststellten, gehen auf diese Krankheit oder Schädigung *alle Charakterstörungen* zurück. Wir gaben der Krankheit den obigen Namen (hartnäckige Infantilität), weil er eine Heilmöglichkeit der Krankheit selbst und auch ihrer vielfältigen Symptome andeutet, besonders der eifersüchtigen Konkurrenz."[37]

Wie sehr die Eifersucht die verschiedenen Symptome produzieren kann, macht eine andere Stelle bei M. und W. Beecher deutlich: „Die Voraussetzung zur Heilung einer Krankheit ist, daß die Symptome erkannt werden. Die Symptome der hartnäckigen Infantilität (Eifersucht und Neid) liegen unserer Ansicht nach klar auf der Hand: Passivität, Aggressivität, Magenfunktionsstörungen, Kopfschmerzen ohne organische Basis, Lispeln, Stottern, Gesichtsverzerrungen, negativer Gehorsam, Pflichtvergessenheit, Süchtigkeit und *Eifersucht* auf andere. Alle diese Symptome treten im Verhalten von Kindern genauso auf wie im Verhalten Erwachsener. Außerdem zeigen Kinder und infantile Erwachsene häufig Symptome wie Bettnässen, Nahrungsverweigerung, Daumenlutschen, Anstoßen des Kopfes, Schnalzlaute im Hals, ständiges Schnappenlassen der Fingernägel oder Knacken der Knöchel, häufige Weinanfälle, Schmollen, Wutausbrüche und so fort. Alle diese Verhaltensweisen sind Anzeichen für hartnäckige Infantilität. Sie werden, einfach ausgedrückt, als Kindertricks bezeichnet. Der entscheidendste Vorbote dieser Krankheit dürfte aber die eifersüchtige Konkurrenz oder Rivalität sein.“[38]

Das Lexikon definiert die Eifersucht als „Furcht und Groll gegenüber einem Rivalen“, und Konkurrenz wird definiert als „der Versuch, etwas zu erlangen, das ein anderer erstrebt“. Diese beiden Definitionen machen deutlich, daß Eifersucht und Rivalität eine Mischung aus Haß, Furcht und diebischer Neigung sind. Solange aber ein Mensch intensiv seine Zeit mit solchen Gedanken und Gefühlen vertreibt, mit anderen Worten, an der falschen Lebensfront konzentriert und erfolgreich engagiert ist, kann er sich nicht *in der Schule* konzentrieren. Und das ist Eduards Problem.

Was verstehen wir unter Einstellung?

Wir sagten: Gedächtnisstörungen sind eine Form der Einstellung. Es ist die allgemeine Tendenz, sich unter bestimmten Bedingungen auf bestimmte Art und Weise zu verhalten. Einstellung beruht auf einem sichtbaren Verhalten:
– Bernd hat ein *Herz* für Sport,
– Gisela hat eine *Vorliebe* für klassische Musik,
– Walter hat die *Neigung*, im Physikunterricht alles experimentell zu klären.
Wir sprechen von *positiven* und wir sprechen von *negativen* Einstellungen. Jedesmal, wenn von Einstellungen die Rede ist, leiten wir das Verhalten eines Menschen von vergangenen Handlungsweisen ab und machen Voraussagen über das zukünftige Verhalten. Sagen wir von Gisela, daß sie eine positive Einstellung zur

klassischen Musik habe, setzen wir voraus, daß sie sich wohlwollend über klassische Musik äußert, daß sie gern solche Musik hört und daß sie sich besonders für diese Kunstgattung interessiert. Bei negativer Einstellung erwarten wir für die Zukunft ein Desinteresse, eine Vermeidungsreaktion, eine Fluchttendenz, ein Zeigen der kalten Schulter.

Der Vater eines 13jährigen Mädchens war ein begeisterter Lateinliebhaber. Von Beruf war er Apotheker und hatte sich in die „tote Sprache" verliebt. Er war entsetzt, daß seine Tochter nicht die gleiche Begeisterung für die Sprache aufbrachte wie er und versuchte drängend und zwanghaft, sie für *seine* Sprache zu interessieren. In der Beratung haben wir die Begeisterung des Vaters untersucht und stellten fest, daß er des Guten zuviel getan hatte. Seine Begeisterung kannte keine Grenzen. Was er wußte, trug er an seine Tochter heran. Er war motiviert, die Tochter nicht. Er hatte den Fehler gemacht, von *sich auszugehen*. Der Vater begriff nicht, daß andere Menschen nicht die gleiche Neigung seinem Lieblingsfach entgegenbringen. Unbewußt rief der Vater Widerstand gegen seine wohlgemeinten Bemühungen hervor.

In einer Fernsehsendung trat eine Frau auf, die sich leidenschaftlich jahrelang mit Mozart und seiner Musik beschäftigt hatte. Sie bekam Fragen verschiedenen Schwierigkeitsgrades. Selbstverständlich kannte sie alle Stücke und konnte sie einordnen. Alle Zusammenhänge aus Mozarts Leben und Musik waren ihr vertraut. Sie hatte viel gelesen und viel behalten. Ihr Sachinteresse hatte positiv ihre Gedächtnisleistungen beeinflußt. Als sie von einem Journalisten befragt wurde, der ein „phänomenales Gedächtnis" vermutete, antwortete die Dame:

„Ich habe im allgemeinen ein ausgesprochen schlechtes Gedächtnis. Dinge des Haushaltes, die ich besorgen muß, vergesse ich am laufenden Band. Was ich mir im täglichen Haushaltsablauf nicht aufschreibe, ist vergessen."

Pädagogische Folgerungen

1. Behalten und Einprägen sind keine mechanischen Vorgänge, keine Frage der mechanischen Wiederholung. Beim Behalten kommt es auf die Stärke des Eindruckes an. Die Festhaltekraft des Gedächtnisses hängt ausgesprochen von der *Einstellung* ab,

von der Unmittelbarkeit des Interesses. Je geringer das Interesse, desto schwächer wird der Eindruck haften.

2. Vokabelnlernen und das Einmaleins beispielsweise werden den Kindern als Hausaufgaben „aufgebrummt". Das stereotype Wiederholen schafft Apathie und Desinteresse. Fremdsprachen und Mathematik büßen oft schnell das Interesse des Kindes ein, weil methodisch und didaktisch das Unangenehmste auf das häusliche Lernen abgeschoben wird. Selbstverständlich muß wiederholt werden. Aber genau das erfordert eine große methodische Geschicklichkeit. Und die ist in erster Linie dem Lehrer vorbehalten, der sie in der Schule anwendet. Übungen und Wiederholungen sollten in der Schule in Zusammenarbeit und innerhalb einer Schülergruppe geleistet werden. Das Einmaleins kann beispielsweise in der Schule zum Rechen*spiel* werden. Durch Gruppenwettkampf können Spiel- und Wetteifer angefacht werden. Nicht einzelne werden untereinander konfrontiert. Das Lernen macht mehr Spaß als bisher. Die Gedächtnisschulung verläuft reibungsloser.

3. Gehen Sie nicht von sich aus. Ihre Vorstellungen und Ihre Begeisterung muß nicht die Begeisterung Ihres Kindes sein. Sie leben und reden aneinander vorbei. Mit Ihrer Begeisterung für ein Fach überfordern Sie leicht. Ihre Ansprüche an sich sind kein Maßstab für die Ansprüche an Ihr Kind.

4. Sagen Sie nicht: Mein Kind ist für Sprachen, Mathematik oder Geschichte völlig *unbegabt*. In der Regel sind solche Aussagen *Ausreden*. Solche Aussagen entspringen den eigenen Befürchtungen. Fragen Sie sich, ob Sie *geschickt* genug an die Aufgaben herangegangen sind, Ihr Kind für ein bestimmtes Fach zu *begaben*. Überprüfen Sie Ihre Lehrmethoden, die Ansprüche und die Fähigkeiten zur Geduld.

5. *Der Gedächtnisboykott*, wie ihn Fritz Künkel nennt, ist der uneingestandene Kampf gegen Eltern und Erzieher, die vom Schüler als Sklavenhalter empfunden werden. Je weniger der Schüler lernt, desto größer wird die Empörung der Eltern. Gelingt es den Eltern, die Ichhaftigkeit im Kampf gegen Unterdrückung der Eltern als Irrtum nachzuweisen, wird der Schüler die Verantwortung für Erfolge und Mißerfolge tragen. Empörung, Ärger, Geschimpfe, Strafen und moralische Predigten verdeutlichen, daß die Eltern unverhältnismäßig stark am Vorwärtskommen der Kinder interessiert sind. Ihre guten Absichten werden unterlaufen.

Wie kommentiert Erich E. Geißler:

„Denn sobald Sachinteresse zu bilden gelungen ist, werden auch *Gedächtnisleistungen* und Arbeitsergebnisse, aber auch Übersichtsvermögen und adäquate Verhaltensweisen, wie Sachtreue, Verantwortlichkeit und Zuverlässigkeit des Lernenden, im Hamdumdrehen zum Positiven verändern werden."[39]

Erziehung zur Kreativität

Faule Kinder sind oft wenig kreativ. Sie sind so entmutigt, daß ihnen die Lust am Lernen, an der Arbeit, am Experimentieren und an Abenteuern vergangen ist. Sie werden so eingeengt, bedrückt und in ihrem Selbstvertrauen untergraben, daß der kreative Schwung lahmgelegt ist. Andere Faule verlegen einen Teil ihrer Aktivität, ihrer Neugier und ihrer kreativen Kräfte auf Gebiete, die wenig mit der Schule zu tun haben. Sie entfalten enorme schöpferische Phantasie, die leider von den Eltern abgelehnt und für sinnlos gehalten wird, was das Kind noch mehr abstumpfen läßt.

Das Wort Kreativität hat seinen Ursprung im Lateinischen. „Creare" bedeutet zeugen, gebären, erschaffen und ist seiner Natur nach ein dynamischer Prozeß.

Im Gegensatz zum Schöpferischen, dessen Quellen unerforscht sind und mit Begriffen wie Intuition und Imagination umschrieben werden, bedeutet Kreativität die originelle Neuordnung von Informationen. Im Gegensatz zum Schöpferischen, das als eine Art Begnadung empfunden wird, kann Kreativität systematisch trainiert werden.

Die Kreativitätslawine

Kreativität wurde zum Modewort. Nach dem Sputnik-Erfolg in Rußland geriet Amerika in tiefe Resignation. Joy Paul Guilford, Präsident der American Psychological Association, kritisierte die amerikanische Industrie, der es offenbar an schöpferischen Persönlichkeiten fehle. Phantasielose, mangelhaft ausgebildete, kreativitätslose Hochschulabsolventen überschwemmten das Land und seien nicht in der Lage, die sozialen und technologischen Probleme des Landes und der Welt zu lösen. Mit dieser

Anklage löste Guilford die Kreativitätslawine aus. Das Motto lautete: „Um als Nation zu überleben, muß das Individuum kreativ denken."

In den 15 Jahren, die seit jenem denkwürdigen Anstoß vergangen sind, wurde die Kreativität zu einem der gebrauchtesten und zugleich mißverstandensten Modewörtern unserer Zeit. In wenigen Jahren entstanden Denk-Fabriken und Trainings-Zentren für schöpferisches Problemlösen, Spekulationsabteilungen und Forschungszentren. Die Kreativität wurde zur Grundlage des amerikanischen Raumfahrt-Erfolges. Die NASA verwirklichte ihr Mondprogramm mit Hilfe der jüngstentwickelten Denk-Strategien. Man schien eine utopische Droge erfunden zu haben, um eine Gesellschaft ehemals unproduktiver Gehirne in eine Bevölkerung originell denkender, rastlos erfindender Menschen verwandeln zu können.

Mit dem Auftauchen des Menschen auf der Erde ereignete sich eine kreative Explosion. Aber der Abstand zwischen Produktion von Werkzeugen, Verkehrssystemen, Maschinen und Waren und ihrer praktischen Ausnutzung verlief immer kürzer. Von der Erfindung des Rades bis zu seiner weltweiten Nutzung vergingen ca. 1000 Jahre. Gutenbergs Druckerpresse verbreitete sich in 150 Jahren über Europa. Für die Radio-Wellen wurden 25 Jahre veranschlagt, für die Atombombe 6, für den Transistor nur noch 3 Jahre.

Was kennzeichnet einen kreativen Menschen?

Kreativität läßt sich bis heute nicht wie Intelligenz messen. Kreativität ist das Zusammenwirken von mehreren Faktoren. Meßbar sind einzelne Fähigkeiten, wie Originalität, Phantasie, Sensitivität und Ordnungsbedürfnis, ferner Risiko-Verhalten, Experimentierfreude, Leistungsdrang und der Wunsch nach Selbstbestätigung. Viele Fachleute sind sogar der Meinung, daß Intelligenztests kreative Menschen zu 70% *nicht* erfassen würden. Was also sind kreative Menschen?
– Sie experimentieren gern,
– sie wählen häufig unkonventionelle Berufe,
– sie beschreiben sich selbst als aktiv und aggressiv (aggressiv im Sinne des Anpackens, eine Sache angehen, auf die Welt zugehen),

- sie denken weiter in die Zukunft,
- sie beziehen das Risiko in ihren Lebensstil ein,
- sie überschreiten gern alle möglichen Grenzen, lehnen aber Gesetze, Ordnungen und Regeln nicht ab,
- sie bejahen eine abenteuerliche Grundlage, ohne sich grenzenlos zu verlieren.

Hinweise für Eltern und Erzieher zur Kreativitätsschulung

1. Ein autoritärer Führungsstil hemmt die Kreativität
Langzeituntersuchungen haben deutlich gemacht, daß kreative Persönlichkeiten schon in ihrer Kindheit als ich-stark, wenig angepaßt und leistungsbewußt identifiziert wurden. Als Schüler waren sie selbstsicher und vorlaut, stellten viele Fragen, besaßen wenig Freunde, und ihr Leben verlief spannungsreich. Autoritäre Erziehungsmethoden hemmten die schöpferische Tätigkeit und hemmen vor allem die Neugier. Neugier aber ist einer der stärksten Motivationsmotoren. Kreative Elternhäuser sind keine Nein-Häuser, sondern Ja-Häuser. Echte Autorität hat hier eine *fördernde* und nicht eine indoktrinierende, nicht eine versagende, sondern eine anleitende und bejahende Funktion.

2. Dirigismus blockiert
Eltern unkreativer Kinder trieben ihre Söhne an, versuchten ihre Arbeit zu dirigieren, ermahnten sie beispielsweise, nicht mit dem Tisch zu wackeln, sich mehr anzustrengen und die Hand ruhig zu halten. Auf die zuvor gestellten Fragen nach der Chance äußerten sie sich skeptisch. Gerade umgekehrt verhielten sich Eltern kreativer Söhne: sie gaben allgemeinen Zuspruch, ermutigten eher, als daß sie Vorschriften machten. Nach der Chance befragt, hatten sie keinen Zweifel, daß ihre Kinder es schaffen würden. Diese Feststellungen machte David McClelland, Psychologe und Soziologe, in einer Reihe origineller Lernversuche an Kindern und Studenten.

3. Gewährenlassen ist zuwenig
In der Auseinandersetzung mit der antiautoritären Erziehung ist deutlich geworden, daß *Gewährenlassen* Nichterziehung bedeutet. A. S. Neill verstand unter Erziehung, das Wachstum zu för-

dern, dem Individuum in seiner Einzigartigkeit mit seinen schöpferischen Kräften die Entfaltung zu ermöglichen. Er wehrte sich gegen überflüssiges Wissen, gegen mechanisch gelernte Fakten, gegen Prüfungen, gegen überzüchtete Ordnungen und Disziplin, gegen Zwang und willkürliche Vorschriften und gegen aufgestülpte Fließband-Pädagogik. A. S. Neill ist vermutlich ins andere Extrem gegangen. Sein Ansatz ist zu bejahen. Für lernwillige und bildungswillige Kinder ist seine Schule kein Konzept. Zwischen schöpferischem Spiel und verantwortlicher Arbeit besteht bei Neill kein Verhältnis.

Es ist unrealistisch zu glauben, daß ein begabtes Kind von sich aus auf den Marsch kommt, ernsthaft wissenschaftlich zu arbeiten. Das Kind muß Lust an geistiger Arbeit entdecken. Ohne Herausforderung, Motivation und sachkundige Anleitung wird es kaum den Wunsch verspüren, ernsthaft zu arbeiten. Gewährenlassen stimuliert die selbsttätige, unbeaufsichtigte Kreativität nicht. Gewährenlassen weckt zerstörende Impulse und führt bei jungen Schülern zur Frustration.

4. Die Erfolgsabhängigkeit hindert den kreativen Prozeß

Je erfolgsunabhängiger und zwangsfreier ein Kind lernen, spielen und experimentieren kann, desto wertvoller und ergiebiger sind die Ergebnisse. Unsere Einstellung zu Spiel und Arbeit – die an anderer Stelle eingehend besprochen wurde – ist häufig falsch. Wir trennen in der Regel zu stark zwischen Spiel und Ernst, zwischen Genuß und Pflicht. Wir huldigen der Überzeugung, daß wir das Spiel zwar genießen, aber nicht ernst nehmen dürfen. Ernst und Spiel, Pflicht und Neigung müssen nahtlos miteinander verbunden werden, und zwar zum Nutzen *und* zur Freude des Menschen.

5. Das Gleichgewicht ist entscheidend

Übereinstimmend wird von Fachleuten, die kreative Menschen untersuchten, bestätigt, daß es Menschen *im Gleichgewicht* sind. Sie können viele Grenzen überschreiten und doch Ordnungen und Regeln respektieren. Es gelingt ihnen, widersprüchliche Tendenzen in sich auszugleichen. Denn widersprüchliche Tendenzen und Eigenschaften werden sehr wohl im Kreativen registriert: Waghalsigkeit, aber auch Ordnungsliebe, große Experimentierfreude, aber auch Wohlerzogenheit, Aggressivität, aber auch Konservatismus. Das zeichnet den Kreativen aus: er zerstört eine Ordnung, aber er setzt eine neue an ihre Stelle. Der Kreative integriert die schöpferischen Spannungen, in denen er lebt, durch eine organisierende Lebenshaltung. Für Eltern gilt: Bejahen Sie die Experimentierfreude, das Abenteurertum, das Sprengen alter Ordnungen, und helfen Sie dem Kind, neue Grenzen und neue Ordnungen zu suchen und zu finden. Das ängstliche Festhalten am Alten und Traditionellen und die Furcht vor Neuem und Ungewöhnlichem lähmt Ihr Kind.

Zehn allgemeine Regeln für Eltern und Erzieher

1. Nicht Verhaltensweisen beschreiben, sondern verstehen

Eltern und Erzieher neigen dazu, die Verhaltensweisen eines Kindes zu *beschreiben*. Alle Eigenschaftswörter, mit denen wir unsere Kinder beschreiben, sind Etiketten, die relativ wertlos sind. In der Beratung wimmelt es von Eigenschaften der Kinder, die den Eltern ärgerlich sind.

„Unser Sohn ist *faul*",
„unsere Tochter ist *träumerisch* veranlagt",
„Bernd ist *konzentrationsschwach*",
„Manfred ist *unordentlich*",
„Richard ist *trotzig*."

Alle Eigenschaftswörter sagen nichts über die dahinterliegenden Gründe aus. Hilfreiche Fragen, die Eltern und Erzieher sich selbst stellen, lauten:

– Welche unbewußten oder bewußten Ziele verfolgt das Kind mit den genannten Verhaltensweisen?
– Was erreicht es mit dieser Einstellung? Was erreicht es nicht?
– Wen trifft es am härtesten mit seinem Verhalten?
– Welcher Elternteil reagiert am betroffensten und warum?
– Will das Kind Belastungen ausweichen?
– Will es den Eltern seine Macht demonstrieren?
– Will es völlig in Ruhe gelassen werden?

Das sind einige Möglichkeiten, die das Verhalten eines Kindes *erklären* und nicht beschreiben.

2. Das Kind genau beobachten

Eine grundsätzliche Hilfe zur Verhaltensänderung unserer Kinder ist die *genaue Beobachtung*. Das *Verhalten* eines Kindes bietet genügend Gelegenheit, seine Motivationen, seine Beweggründe kennenzulernen. Wozu spielt das Kind welche Rolle? Einige beliebte Rollen, die hier genannt werden, können unsere Beobachtung unterstützen.

Spielt es eine Führerrolle?
Spielt es den Mitläufer?
Spielt es den Hilflosen?
Spielt es den Klassenclown?
Spielt es den Außenseiter?
Spielt es den Eigenbrötler?
Spielt es das Musterkind?
Spielt es den Moralischen?
Spielt es das Mauerblümchen?
Spielt es den Ehrgeizigen?
Spielt es den Überlegenen?

Was will das Kind mit der Macht dieser Rollen bezwecken? Alle Verhaltensweisen sind als Kräftespiel zwischen Eltern und Kindern und den Geschwistern unter sich zu verstehen. Die Einstellung eines Kindes ist offenbar, auch wenn es kein Wort sagt. Seine gesamte Haltung kann Abwehr, Trotz, Durchsetzungsvermögen, Anpassungsbereitschaft, Aggression, Passivität, Langsamkeit, Überlegenheit, Sturheit, Aktivität, Angst, Höflichkeit und so weiter widerspiegeln. Was haben die Eltern getan oder unterlassen, daß das Kind sich für diese Rolle entschieden hat? Welchen Anteil haben die Geschwister? Wie haben Eltern oder Erzieher ihre Kinder beeinflußt, daß sie sich zu bestimmten Verhaltenstechniken aufrafften? Eltern können durch ihr Verhalten den Lebensstil ihrer Kinder provozieren. Das Kind zieht Schlüsse, positive oder negative, konstruktive oder destruktive.

3. Erst kommt der Lebenspartner, dann kommen die Kinder

In meinen Vorträgen über Erziehungs- oder Ehefragen werde ich nicht müde, zu zeigen, daß der Ehepartner Platz Nr. 1 beanspruchen sollte. Nach statistischen Erhebungen dauerte eine Ehe im Jahre 1890 ca. 31 Jahre. Die Eheleute waren ein Leben lang damit beschäftigt, Kinder aufzuziehen. Lediglich ein Jahr ihres Lebens verbrachten sie ohne Kinder. 1974 sehen die Verhältnisse grundlegend anders aus. Die Ehedauer ist im Durchschnitt auf 45 Jahre heraufgerückt. Die Zeit, die Eheleute ohne Kinder verbringen, beträgt *ca. 20 Jahre*. Das ist eine lange Zeit. Sind die Kinder aus

dem Haus – und das ist die Regel –, verarmen viele Ehen. Sie kränkeln an kommunikativer Unterernährung. Sie haben sich kaum noch etwas zu sagen. Was haben sie falsch gemacht?
– Es ist möglich, daß Mütter ihre Kinder an die *erste Stelle* gerückt haben. Befriedigung und Freude erhalten sie nicht zuerst aus der ehelichen Beziehung. Es kann sein, daß Mütter ihre Kinder in den Mittelpunkt der Zuwendung rücken, weil die eheliche Beziehung in Frage gestellt ist. Sie verschaffen sich eine Ersatzbefriedigung, klammern sich nicht selten an einzelne oder alle Kinder und machen sie unbewußt abhängig.
– Der falsche Stellenwert elterlicher Zuwendung *überbeschützt* die Kinder. Sie werden ständig beaufsichtigt, beachtet, getestet, geführt, überwacht und betreut. Der passive oder aktive Widerstand gegen den elterlichen Herrschaftsanspruch wächst. Die Bevormundung wird eines Tages unangemessen abgeschüttelt.
– Überbeschützung und Verwöhnung können aber auch Hilflosigkeit, Langsamkeit, Trödelei, Tagträumerei und Konzentrationsstörungen hervorrufen. Das Kind läßt sich passiv manipulieren, läßt alle Initiative fahren und lebt entmutigt in den Tag hinein. Gelingt es den Eheleuten, ihre Beziehung zueinander befriedigender zu gestalten, läßt ihr *übertriebenes* Interesse an den Kindern nach. Sie stehen nicht in der Gefahr, ihre Kinder zu manipulieren und zu programmieren. Ihr Bedürfnis, Macht auszuüben, verringert sich – zum Wohle des Kindes.

4. Kümmern Sie sich um Ihre eigenen Angelegenheiten!

Fangen Sie in einem Konflikt bei *sich* an.

Der erste Schritt zur Verbesserung einer Lage ist die Erkenntnis, daß wir in jedem Konflikt eine *aktive* Rolle spielen. Wir haben kein Recht, darauf zu bestehen, daß sich der *andere* ändert. Die Lösung von Schwierigkeiten liegt in *unserer* Hand. Wenn wir darauf warten, bis sich der *andere* ändert, vergeuden wir Zeit, wir verschlimmern die Lage. Wer verändern will, beginnt bei sich selbst. Haben wir uns geändert, kann der andere nicht bleiben, wie er ist. Wir sind nicht da, um irgendeinem Menschen zu sagen, was *er* zu tun hat, oder um uns vorschreiben zu lassen, was wir tun sollten. Als erstes wissen wir sehr oft, was wir *nicht* tun sollten. Und was sollten wir nicht tun? Das, was unsere Kinder schädigt, beleidigt und enttäuscht. Anstelle der elterlichen Autorität steht die *logische Konsequenz*, stehen die natürlichen Folgen. Diese logischen Folgen sprechen ihre eigene Sprache. Das Kind kann wählen. Ihm steht die Freiheit zu, es fühlt sich respektiert. Entscheidend ist: Wir treffen unsere Entscheidungen, ohne Druck, ohne Ironie, ohne Vorwürfe, ohne Moralpredigten, ohne Schimpfen und ohne Feindseligkeiten. Der Unterschied zwischen logischen Folgen und Strafe besteht in dem feindlichen Gefühl, das hinter unseren Entscheidungen steht.

Eltern sagen, was ihre Einstellung ist, und handeln. Eltern wahren ihre Interessen und zeigen Kraft, ohne andere zu mißbrauchen, ohne zu kämpfen und ohne Herrschaft auszuüben. Die Selbstbestimmung und freie Wahl des Kindes steigern die Selbstachtung.

5. Heraus aus dem Machtkampf!

Wir leben in der Illusion, Lösungen werden nur durch Machtverhältnisse, Fortschritte nur durch Kampf entschieden. Vielleicht *denken* wir anders, wir *handeln* aber so. Wir vertrauen der Macht: Herrschaft durch Majorität, Herrschaft durch Alter, Überlegenheit, Druck, Erpressung, Liebenswürdigkeit, Überredung, Stärke und Zahl. Wer Macht ausspielt, wer nicht nachgeben kann, wer auf Prestige bedacht ist – bewußt oder unbewußt –, macht gegenseitige Achtung unmöglich. Er hat Angst, beherrscht zu werden, und spielt lieber selbst den Herrn. Aber niemand ist gezwungen zu kämpfen, wenn er nicht will. Wer recht haben will, gießt Öl ins Feuer. Wer sein eigenes Recht haben will, mißachtet in der Regel das Recht der anderen. Das gilt für Eltern und für Kinder. Die Argumente, mit denen wir uns rechtfertigen, sind in der Regel nur Waffen in einem Kampf um die Macht. Die einzige Grundlage sozialer Beziehungen ist die *soziale Gleichwertigkeit*. Sie verlangt gegenseitige Achtung, gegenseitige Achtung beinhaltet aber: Achtung vor der Menschenwürde anderer und Selbstachtung. Mangelnde Selbstachtung, also Minderwertigkeits- oder Unterlegenheitsgefühle schüren die Kampfsituation. Wer sich selbst nicht respektiert, wird mißachtet und mißbraucht. Anstelle der *Übereinkunft* tritt der *Kampf*.

Mangelnde Selbstachtung fordert Kampf, Demütigungen und Niederlagen geradezu heraus.

Viele Eltern können es nicht lassen, Faulheit und Leistungs-schwäche ihrer Kinder mit sarkastischen Bemerkungen zu bedenken. Für Eltern und Erzieher gilt: Sarkasmus ist kein Ansporn. Er lähmt jeglichen Antrieb. Es gehören schon ein breiter Rücken dazu und eine gehörige Portion Selbstbewußtsein, um Ironie und Sarkasmus ertragen zu können. Kinder haben weder den breiten Rücken noch das Selbstbewußtsein. Sie sind der Lächerlichkeit preisgegeben.

Was wollen Erwachsene mit Sarkasmus und Ironie bezwecken?

Sie sagen, daß sie ihre Kinder anstacheln und anfeuern wollen. Stimmt das wirklich? Sind Sarkasmus und Ironie nicht das Ergebnis von verletzter Eitelkeit? Eltern stacheln nicht an, sondern auf. Sie üben Rache – wenn auch unbewußt. Wie sehen solche sarkastischen Bemerkungen aus?

„Wenn Paganini dein Geigengequietsche hören würde, er würde sich nicht nur im Grabe umdrehen, er würde den ganzen Friedhof umpflügen!"

„Unsere Träumerin hat tatsächlich eine Aufgabe richtig."

„Es soll Faule geben, die auch gelegentlich einen Geistesblitz zucken lassen."

„Ach, das ist ja interessant, was du da noch weißt!"

„Ich würde in der Schule hübsch abschreiben, dann sparst du dir deine Energien für das Fußballspielen auf!"

Professor Tausch schreibt über eine amerikanische Untersuchung: „Mehrere Hundert amerikanischer Lehrerstudenten gaben bei einer Befragung ‚Sarkasmus' unter den ersten fünf Bedingungen an, die ihr Selbstvertrauen während ihrer High-School-Zeit am stärksten gemindert hätten. Bei sarkastischen Äußerungen von Lehrern über einzelne Schüler vor der ganzen Klasse ist der negative Effekt besonders groß."[40]

7. *Anspornende Konkurrenz entmutigt*

Viele Eltern und Erzieher sind fest davon überzeugt, daß ein *anspornendes Konkurrenzstreben* die Arbeitsfreude hebt. Beobachtungen an Kindern bestätigen in der Regel das Gegenteil. Konkurrenzgeist nährt die Auffassung, daß man lernt und arbeitet, um andere zu *überflügeln*. Solche Menschen werden ichbezogen und unfähig zur Zusammenarbeit und setzen sich nur für ihre eigenen Interessen ein. Anspornende Konkurrenz betont die Hoffnungslosigkeit des *unterlegenen* Kindes und vergrößert im *überlegenen* Kind die Angst, ob es auch weiterhin die Spitze halten kann. Wer aber nicht immer an der Spitze sein kann, fühlt sich schnell als Versager und wirft alles hin. Viele Versager haben aufgegeben, weil sie die Spitze nicht halten konnten. Darum finden wir unter den hochbegabten und sehr ehrgeizigen Kindern auch so viele Versager, die lange Zeit das Klassenniveau weit überholt hatten. Eine Atmosphäre der Konkurrenz in der Klasse – das gilt für Lehrer – verhindert die Integration des Kindes in die Klassengemeinschaft. Konkurrenzbestrebungen zerstören den Gruppengeist und die Moral. Rudolf Dreikurs schreibt:

„Je weniger einer an Konkurrenz interessiert ist, desto besser kann er sich in einer extremen Konkurrenz bewähren. Wenn er lediglich zufrieden ist, sein Bestes zu tun, dann wird er von dem, was sein Konkurrent tut oder erreicht, nicht gestört. Wer heftig konkurriert, kann Konkurrenz nur ertragen, wenn er Erfolg hat."[41]

Das Konkurrenzstreben fördert die Geringschätzung des anderen und untergräbt das Gemeinschaftsgefühl.

8. Unzufriedenheit mit sich selbst hemmt Leistung und Wachstum

Die meisten Menschen sind der Meinung, daß sie so, wie sie sind, nicht genügen. Viele Eltern geben unbewußt ihren Kindern zu verstehen, daß sie *nur* einen Wert haben, wenn sie *mehr* leisten, wenn sie *vollkommener* sind, *größere* Geschicklichkeit zeigen, wenn sie tüchtiger, reifer, schneller, konzentrierter, ausgeglichener und durchsetzungsfreudiger sind.

Was ist die Folge? Kinder bekommen ein Gefühl der Unzulänglichkeit und stellen den eigenen Wert in Frage. Der Zweifel nagt, die Unzufriedenheit wächst, die Freude an der Arbeit sinkt. Zweifel, eine Arbeit leisten zu können, Faulheit und Desinteresse an der Sache sind eintrainierte und eingebildete Minderwertigkeitsgefühle. Sie hemmen das Wachstum, sie beschneiden die Fähigkeiten, untergraben die Leistungen und blockieren die Begabung. Noch einmal: Faulheit und jedes persönliche Versagen basiert auf der *irrigen Meinung*, der Betroffene habe keinen Wert innerhalb der Gemeinschaft. Als einzige Alternative glaubt er daher, sich vom Leben, von den Forderungen und Überforderungen zurückziehen zu müssen. Er versteckt sich hinter seiner vorgeblichen Unfähigkeit. Das Kind, das seinen Wert *beweisen* muß oder will, gibt damit zu erkennen, daß es keinen Wert hat. Es lebt ja im Zweifel seines Wertes. Alle Versuche, den eigenen Wert zu *beweisen*, führen ins Dilemma. Der Weg ins Versagen ist vorgezeichnet. Wer nach Erfolg strebt und *glaubt*, nach Erfolg streben zu *müssen*, rechnet mit Angst zu versagen. Beides geht Hand in Hand. Die Freude und Befriedigung an der Arbeit an sich sind erheblich getrübt.

9. *Entmutigung durch gute Absichten*

Gute Absichten und ihre Wirkungen sind zwei Dinge. Die Mutter sagt: „Du kannst es besser machen, ich weiß es!" Dies ist niemals eine Ermutigung. Sie sagt ja, daß das Getane schlecht ist. Der Vater sagt: „Als ich so alt war wie du jetzt, habe ich täglich drei Stunden Schularbeiten gemacht." Der guten Absicht des Vaters entspricht das negative Selbstbild des Kindes: „Er liebt mich nicht, so wie ich bin, bin ich nutzlos. Er war fleißig, ich bin faul."

Die Mutter hat zweifellos eine gute Absicht, wenn sie sagt: „Ewald, bei deiner Intelligenz kannst du entschieden mehr leisten." Das Kind denkt: „Sosehr ich mir auch Mühe gebe, ich kann die Erwartungen der Mutter doch nicht erfüllen. Es hat ja alles keinen Zweck."

Edward Bulwer Lytton schrieb den Satz: „Es ist schwer zu unterscheiden, wer das größere Unheil anrichtet, die Freunde mit den besten Absichten oder die Feinde mit den schlechtesten." Mit guten Absichten der Eltern habe ich schlechte Erfahrungen gemacht. Gute Absichten sind in der Regel Erziehungsfehler. Eltern wollen das Beste für ihr Kind, *sie* wissen, was beruflich das Geeignetste ist, *sie* haben klar erkannt, welches Instrument den Kindern einmal große Freude vermitteln wird. *Sie* haben ein sicheres Gefühl dafür, welche Kleidung den Kindern am besten steht, *sie* lassen sich nicht davon abbringen, daß die Kinder das Gymnasium, die Technische Hochschule, die Haushaltsschule, die Handelsschule, die Pädagogische Hochschule oder die Fachhochschule besuchen müssen. *Sie* vertrauen auf ihre jahrzehntelangen Erfahrungen und möchten sie den Kindern anraten. *Sie* sind fest von ihren guten Absichten überzeugt und zwingen sie ihren Kindern mehr oder weniger auf.

Was ist an den guten Absichten problematisch? Partnerschaft lebt vom *Dialog* und nicht vom Monolog. Der Monolog ist sozusagen ein Diktat. Das Gespräch zwischen Alt und Jung leidet daran, daß die Erwachsenen viel *für* die Jungen tun wollen, sie haben aber nicht gelernt, viel *mit* den Jungen zu tun. Eltern und Kinder stehen nebeneinander und nicht übereinander. Darum werden alle Entschlüsse *gemeinsam* gefaßt. Leistungsprobleme, Schulwechsel, Berufswahl, Ausbildungs- und Zukunftspläne werden gemeinsam abgeklärt.

10. Rückfälle einkalkulieren!

Faulheit, Konzentrationsschwäche oder irgendein anderes Fehlverhalten sind Haltungen, die das Kind über Jahre hinweg eingeübt hat. Es ist von daher selbstverständlich, daß nicht von heute auf morgen eine radikale Wende eingeleitet werden kann. Das Kind muß bis in die Tiefe seiner Existenz eine neue Einstellung zur Welt, zu den Mitmenschen und zu sich selbst aufbauen. Das geschieht schrittweise. Besonders *pessimistische* Eltern neigen dazu, ihre Enttäuschungen kundzutun.

„Ich habe mir das gleich gedacht, daß dein neues Verhalten nicht lange anhält",

„deine Besserungsversuche kann man gar nicht ernst nehmen",

„man kann sich einfach auf dich nicht verlassen. Du versprichst das Blaue vom Himmel herunter!"

„Es hat ja alles keinen Zweck. Auf dich ist doch kein Verlaß!" Eltern fallen in alte Verhaltensweisen zurück. Erpressungen und Schimpfen sind solche Reaktionsweisen. Sie zweifeln an den Ratschlägen und Hilfen, die sie in der Beratung durchgesprochen haben und die sie gelesen haben. Sie suchen nach Erklärungen, und sie finden auch Gründe für ihr Umschwenken.

„Diese neumodischen Sachen helfen auch nicht weiter!"

„Man gibt des Kindern immer nach. Die müssen härter angepackt werden, damit sie zur Besinnung kommen!"

„Unsere Eltern und Großeltern waren mit ihren Methoden auch keine Versager in der Erziehung!"

Viele Eltern werden rückfällig, Kinder auf die Probe zu stellen. Sie vergessen, daß mißtrauische Eltern auch von den Kindern auf die Probe gestellt werden. Bisher haben die Eltern bei schlechten Noten, Faulheit und Schulschwierigkeiten sofort mit Bestrafungen reagiert. Auch das Kind ist mißtrauisch und *testet,* ob die Eltern von ihren alten Reaktionsmustern ablassen können und ob sie es in der Tat gut mit dem Kind meinen. Wird das Kind in seiner Meinung bestätigt, daß Eltern ihren Pessimismus nicht aufgeben und ihre negativen Befürchtungen nicht abbauen können, fällt das Kind unbewußt wieder in sein Fehlverhalten zurück. Es ist entmutigt, verliert den Glauben an sich, weil die Eltern nicht mehr an das Kind glauben. Rückfälle gehören zum Heilungs- und Reifungsprozeß. Eltern müssen sie in Rechnung stellen.

Anmerkungen

[1] Reinfried Hörl, Die Zukunft unserer Kinder – für eine moderne Erziehung, Deutscher Taschenbuch Verlag, München 1972, S. 158.

[2] Rudolf Dreikurs, Grundbegriffe der Individualpsychologie, Klett Verlag, Stuttgart 1969, S. 158.

[3] Rudolf Dreikurs, Grundbegriffe der Individualpsychologie, Klett Verlag, Stuttgart 1969, S. 161.

[4] Erich E. Geißler, Begabung, in: Die Zukunft unserer Kinder – für eine moderne Erziehung, Deutscher Taschenbuch Verlag, München 1972, S. 175 f.

[5] Alfred Adler, Praxis und Theorie der Individualpsychologie, J. F. Bergmann, München [3]1927, S. 137.

[6] Heinz L. Ansbacher/Rowena R. Ansbacher, Alfred Adlers Individualpsychologie, Ernst Reinhardt Verlag, München/Basel 1972, S. 360.

[7] Alfred Adler, Internationale Zeitschrift für Individualpsychologie, 1927, S. 94 f.

[8] Rudolf Dreikurs, Soziale Gleichwertigkeit, Klett Verlag, Stuttgart 1972, S. 39.

[9] Alfred Adler, Der Sinn des Lebens, Fischer Taschenb., Frankfurt a. M. 1973, S. 8.

[10] Viktor E. Frankl, Psychotheraphie für jedermann, Herder-Bücherei, Freiburg i. Br. 1971, S. 19.

[11] Erik Blumenthal, Wege zur inneren Freiheit – Praxis und Theorie der Selbsterziehung, Rex-Verlag, München 1972, S. 37 f.

[12] Christa Meves, Die Schulnöte unserer Kinder, Furche Verlag, Hamburg [4]1973, S. 65 f.

[13] Reinhard Tausch/Annemarie Tausch, Erziehungspsychologie, Verlag für Psychologie, Dr. C. J. Hogrefe, Göttingen [5]1970, S. 339 f.

[14] Wolfgang Metzger, Lernen im Laufstall, Sendung vom 28. Februar 1968, Süddeutscher Rundfunk.

[15] Aus: „Die Welt", Nr. 188/1974.

[16] Alfred Adler, in: Heinz L. Ansbacher/Rowena R. Ansbacher, Alfred Adlers Individualpsychologie, Ernst Reinhardt Verlag, München/Basel 1972, S. 157.

[17] Oliver Brachfeld, in: Die Zukunft unserer Kinder – für eine moderne Erziehung, Deutscher Taschenbuch Verlag, München 1972, S. 163.

[18] Robert F. Mager, Motivation und Lernerfolg, Beltz Bibliothek, Weinheim/Berlin/Basel [3]1971, S. 68.

[19] Fritz Künkel, Jugendcharakterkunde, Friedrich Bahn Verlag, Konstanz 1957, S. 46.

[20] Kurt Seelmann, So Schulkinder für das Leben erziehen, Ernst Reinhardt Verlag, München/Basel 1965, S. 30.

[21] Hans Ch. Dechêne, Geschwisterkonstellation und psychische Fehlentwicklung, Johann Ambrosius Barth, München 1967, S. 90.

[22] Rudolf Dreikurs/Erik Blumenthal, Eltern und Kinder – Freunde oder Feinde?, Klett Verlag, Stuttgart 1973, S. 153.

[23] Alfred Adler, Der Sinn des Lebens, Fischer Taschenbuch, Frankfurt a. M. 1973, S. 44.

[24] Wolfgang Metzger, Stimmung und Leistung, Aschendorffsche Verlagsbuchhandlung, Münster [4]1967, S. 13 f.

[25] Aus: Selecta, Nr. 14/1962.

[26] Alfred Adler, Menschenkenntnis, Fischer Bücherei, Frankfurt a. M. 1966, S. 229.

[27] Wolfgang Metzger, Stimmung und Leistung, Aschendorffsche Verlagsbuchhandlung, Münster [4]1967, S. 11 f.

[28] Rudolf Dreikurs, Soziale Gleichwertigkeit, Klett Verlag, Stuttgart 1972, S. 216f.

[29] Aus: Internationale Zeitschrift für Individualpsychologie, 1927, S. 409.

[30] Thomas Gordon, Familienkonferenz, Hoffmann und Campe, Hamburg 1972, S. 269f.

[31] Heinz L. Ansbacher/Rowena R. Ansbacher, Alfred Adlers Individualpsychologie, Ernst Reinhardt Verlag, München/Basel 1972, S. 301.

[32] Rollo May, Der verdrängte Eros, Christian Wegener Verlag, Hamburg 1970, S. 184f.

[33] Rudolf Dreikurs/Erik Blumenthal, Eltern und Kinder – Freunde oder Feinde?, Klett Verlag, Stuttgart 1973, S. 21.

[34] Aus: Stern, Nr. 28/74.

[35] Alfred Adler, Der Sinn des Lebens, Fischer Taschenbuch, Frankfurt a. M. 1973, S. 125.

[36] Jakobus 3, 16.

[37] Marguerite und Willard Beecher, Besser leben ohne Neid und Eifersucht, König Verlag, München 1973, S. 9ff.

[38] Marguerite und Willard Beecher, Besser leben ohne Neid und Eifersucht, König Verlag, München 1973, S. 12.

[39] Erich Geißler, in: Die Zukunft unserer Kinder – für eine moderne Erziehung, Deutscher Taschenbuch Verlag, München 1972, S. 176.

[40] Reinhard Tausch/Annemarie Tausch, Erziehungspsychologie, Dr. C. J. Hogrefe, Göttingen [5]1970, S. 383.

[41] Rudolf Dreikurs, Psychologie im Klassenzimmer, Klett Verlag, Stuttgart [3]1969,

Sachverzeichnis